たった10秒で
シンクロを起こすスイッチは
すべての人の心の奥にある
……という不思議なお話。

口ちゃん

「10秒スイッチ」の法則

フォレスト出版

シンク

一瞬で人生を変える

佐藤由美子・著
しまだたかひろ・作画

登場人物紹介

シンクロちゃん

シンクロ星の大王の娘。かつてシンクロ星では日々シンクロが起こり、人々は幸せに暮らしていたが、「あること」が原因でシンクロが起きなくなる。辛いことがあると、飴をなめてやり過ごすシンクロ星人たち。そんな星に生まれたシンクロちゃんは、生まれたときに「シンクロ星の救世主になる」と予言され、地球にいるシンクロ・マスターのサトユミ先生のもとに送り込まれる。地球でOLとして暮らしながら、シンクロニシティを起こす方法「10秒スイッチ」をサトユミ先生から伝授されるが……。

サトユミ先生

シンクロ・マスター。朝が苦手で二度寝をしなかったことがない。人生がドン底の時に「10秒スイッチ」を開発してから、シンクロニシティが起き続け、人生が好転する。たくさんのクライアントの人生を好転させるスペシャリスト。シンクロ星の大王から要請を受け、地球に送り込まれたシンクロちゃんに、「10秒スイッチ」を伝授するが……。一見穏やかだが、スイッチが入ると和田アキ○が乗り移ったようになり、シンクロちゃんに檄を飛ばす。

今日のレッスンどうだった？
私……本当にうまくいくんでしょうか？
半年前、同じことを言った子がいたわ……
あの星を見て！シンクロ星っていうの
シンクロ星？
半年前までは誰も人生がうまくいかずまったく笑わない星だったの
え〜〜まったく!?
ワハハハ!
グラ
わっ!!
グラ
見て!!星の大笑いを!!
ついに蘇らせたのね!!
わ
は
は
は
は
シンクロちゃん!!
10秒スイッチを……
マスターして……!

半年前
シンクロ星
ペロ
ペロ
ペロ
ペロ
ペロ
ペロ
あぁ……
何もかも
うまくいかない
辛いよ〜！
ペロ
ペロ
シンクロちゃん
＊シンクロ大王の娘
ワハハ…
？
ワハハハハハハ
グラ
グラ
何だー!?
ワハハハハハハ!
グラ
地球の
笑い声だー!!
グラ
なんでそんなに
笑えるの？
ワハハハハハ

地球があれほど笑うのはなぜだ!!
シンクロ大王
サトユミ先生という人物が開発した「10秒スイッチ」によるものだそうです
10秒スイッチ!?
どんどん願いが叶い皆幸せになるそうです
……
数日後
最近、地球から笑い声が聞こえるのを知ってるな？
ハイ　なぜあんなに笑えるのでしょう？
実は、シンクロ星もかつては笑いの絶えない星だった
おまえが生まれる少し前、なぜか全員笑えなくなり、人生がうまくいかなくなってしまった！
!?
おまえが生まれたときこの星の救世主になるという予言があったのだ!!
この星を救えるのはおまえだけだ!!頼む!!
私が!?

地球が笑っている原因は「10秒スイッチ」だ
10秒スイッチ!?
調査結果だ
サトユミ先生?
この人に会って10秒スイッチをマスターしてきてほしい 話は通してある
10秒スイッチをマスターするには地球人と同じ生活をする必要があるらしい!
!?
おまえは地球でもOLだっ!!
ウワーッ!
ヤダーッ!!
こうしてシンクロちゃんは地球に送られました

もくじ

ブックデザイン／chichols
作画／しまだたかひろ
ＤＴＰ／キャップス
校正／広瀬 泉
執筆協力／林 美穂
編集協力／杉本 智

本書『シンクロちゃん』について

「ちょっと無理めの願いを実現したい」
「もっとスイスイと人生が進んだらよいのに……」
「人生がなかなかうまくいかない！」
「何がやりたいのかわからない……」

そんな方たちに朗報です。

この本では、誰でもシンクロニシティ（シンクロ）を起こせるように体系化された10秒スイッチの使い方をお伝えしています。

シンクロニシティとは、心理学者のユングが提唱した考え方で、**「意味のある偶然の一致」**のことです。もう少しわかりやすく言うと、シンクロニシティとは、いまのあなたにピッタリの出来事がタイミングよく起こることなのです。

例えば、あなたが会社帰り、とても疲れていたとします。混雑した電車の中で「座りたいな……」と思っていると、目の前に座っている人が次の駅で降りて運よく座れた——というのは一種のシンクロニシティです。

ほかにも例えば、あなたが「本格的な電子ピアノが欲しいな……でも予算は5万円しかない」と思っているとき。SNSで友人が「引っ越すので、電子ピアノを5万円で譲ります」と、あなたが欲しい型の電子ピアノを載せているのを発見する——というのもシンクロニシティです。

この本で学ぶ「10秒スイッチ」を使いこなせば、シンクロニシティがどんどん起こり、自分が想定した以上の出来事が現実化していきます。

ところが、シンクロ星の人たちはシンクロニシティを全く起こせません。

だから、皆、人生がうまくいっていません。一生のうちにたった2回しか笑わないのです。つらいことがあると、飴《あめ》をペロペロなめることで癒《い》やしています。

うぅっ……なんだかせつなくなりますね。


実は、昔はシンクロ星でもシンクロニシティを起こせたのです。

でも、「あること」が理由で封印されてしまいました。


この本では、シンクロ星の救世主シンクロちゃんが、地球に送りこまれ、サトユミ先生に10秒スイッチを学ぶ過程を、漫画形式でレッスン1〜10まで描きました。

その中で「あること」が何なのかわかっていきます。


その「あること」は、あなたが知らず知らずにやってしまっていることかもしれません。私自身も、その「あること」をずっとやっていたので、35歳まで人生が全くうまくいきませんでした。

「人生崖《がけ》っぷち!・」というときに生まれた10秒スイッチを丸12年続けていますが、おかげさまでシンクロニシティが起きまくるようになりました。

「あること」はいつの間にかしなくなりました。

さらに、クライアントさんや受講生さんも、10秒スイッチを使って、どんどん人生を変えています。


10秒スイッチはシンプルだけど奥深いものです。

その奥深さを文字にすると難しく伝わるという難点がありました。

今回、漫画にすることで、その難点をクリアできました。

あなたにこうやってお届けできることを、本当にうれしく思います。

さぁ、あなたもシンクロちゃんと一緒に、笑いながら楽しみながら、10秒スイッチをマスターしていきましょう！

Lesson 1

いまの自分の気持ちに気づく

シンクロを起きにくくする
「世間の常識」や
「他人の基準」を捨てよう

シンクロちゃんが地球に来てから数日が経過
うわ
あ
あ
あ
あ
あ
アポ取った日は明日だけど……
もうダメだ!!
どの星でもOLは辛い……
ペロ
ペロ
この建物の中に
サトユミ先生の事務所が……
うにょ
ピンポーン

ハア～イ
何か ご用ですかーー？
あ……
帽子に カーラーが……
あはは、ごめんなさい！
アハハ
あわてて 出てきたから
あなた もしかして シンクロちゃん？
え？ あ、はい ……
約束は明日 じゃなかった？

──そうだったの……
話は大王から聞いてるわ
私……
本当にうまく
いくんでしょうか？
大丈夫よ
10秒スイッチを
マスターすれば
それって何ですか？
10秒スイッチ
はね……
「シンクロニシティ」を
起こすものなの！
シンクロニシティ
!?
私の星と
同じ名前
……!!
ふふ
そうね
シンクロちゃん
シンクロニシティの
意味わかってる？
？
？
？

シンクロニシティは「偶然の一致」といってね
Bさん
今何してるのかな～？
Bさん!!
よお
偶然
心で思っていることを放つと同じ周波数のものがやってくることなの
すごい!!
そんなこと起こせるんですか!?
そう、たった10秒の習慣でね
10秒で!?
でもね……

今、習慣って言ったでしょ？10秒スイッチのマスターには最初が肝心なの!!
!?
不安!!
私にできるでしょうか……
大丈夫!! 順番に進めば誰でもできるようになるわ！
ペロ
ペロ
レッスンを積んでシンクロを起こせるようになれば
シンクロ星も本来の姿を取り戻して皆笑えるようになる!!
最初のレッスンはこれ!!
今の自分の気持ち思考を感じること
今の自分……

簡単よ!
例えば私を見てどう思う?
え?
えっと……帽子に付いてたカーラー取ったんだなって……
それ!! それでいいの!!
こんなでいいんですか!?
今できてるって言われてどう思った?
……う、嬉しい?
そう!! バッチリできてるわ!!
自分の気持ちを自分で理解しているってことが大事なの!!
さっきのシンクロニシティの話ね
「○○したい」と思っているときの周波数に合うものと出会えるの
でも自分の気持ちを理解できていないと「○○したい」がわからないでしょ
そっか……シンクロが起きないんだ

そーゆーこと!!
自分を理解しないと人にも理解されないの
……
私、人に分かってもらいたいです
……ずっとそれを感じてたのね
言葉にしてみてどう？
ホッとしました
それに
サトユミ先生に分かってもらえたと思いました
シンクロリーン♪

シンクロリン??

それ、な…何ですか??

今さっそくシンクロが起きたわ
人に分かってもらいたいという気持ちに気づいたことで私にも分かってもらえたという体験をしたじゃない!

!

た……確かにそうだ……!!

「シンクロリン」ってどこかで聞いたことあるような……

1回10秒かからないくらいでいいからそんな風に「今の感覚」に寄り添ってみて
最初は3秒くらいでいいからそれを意識してみて
今はとても不思議な感覚です……!!

その調子よシンクロちゃん!!

空……真っ暗
シンクロ星どこかな……
お父さんどうしてるかな……
あ
これが今の気持ちか
……シンクロリ〜ン♪
なんつって

サトユミ先生の解説

Lesson 1

いまの自分の気持ちに気づく

さぁ、レッスンが始まりましたね！

シンクロニシティとは、「いま」のあなたにピッタリの出来事がタイミングよく起こることでしたよね。

自分の望みをかなえる人、人生がうまくいく人には、このシンクロニシティがたくさん起きます。

シンクロニシティが起きると、どうなるのでしょうか？

望みをかなえるには、いくつかのステップを順番に進める必要があります。

例えば、あなたが自分の作った陶芸作品を発表して、たくさんの人に買ってもらいたいと思っているとします。

どんなステップがあるのか、ちょっと想像してみてください。

まず、作品をたくさん作る必要があります。

お金を出して買ってもらえるように腕を上げる必要もあります。

たくさんの人に知ってもらう方法を考える必要もありますよね。


「たくさんやることがあるな〜」

「時間もお金もかかりそうだな〜」

「大変そうだな……実現するのかな？」


そう思ったあなた。

実は、シンクロニシティが起きると、そのステップを進めるのが早くなるのです！！

例えば、作品のアイデアが次々と浮かんだり、教えるのがうまい先生に出会ったり、お店に置いてくれる人に出会ったり、インターネットでの販売方法を教えてくれる人に出会ったりします。

一人で勉強して全部やろうとすると、何年かかるかわからないことが、劇的に短縮されるイメージです。

そうなったら、どんどんやる気になり、努力するのも楽しくなると思いませんか？もっと知ってもらうためにどこで販売すればよいかを考えたり、綺麗《きれい》に写真を撮る方法を習ったり、工夫をするようになります。

こんなふうに、自分がどうなりたいのか明確な人ほど、何が必要なのかがわかるので、必要な行動をとることができるのです。

シンクロニシティは、この一連の中で起きます。
では、どうしたらシンクロニシティを起こせるのでしょうか？
ここがものすごく大事です！

「いま」自分が何を望んでいるのか明確にすること。

これです！
これに尽きます！

だって、それに応じて、シンクロニシティが起きるのですから。

ところがいま、自分がどうなりたいのかわからない人が増えています。
どうしてでしょうか？

私は6000人以上のコンサル経験の中で、「○○しないといけない」「○○すべき」という世間の常識・他人の基準に縛られていることが理由だと気づきました。

ふと、「○○したいな」と思ったとしても、「いやいや、私には無理」「仕事があるし、そんな時間ない」「やめろって言われるだろうなぁ」と、一瞬で打ち消してしまうのです。

シンクロちゃんが飴をなめるときのように、きちんと感じることをやめてしまうのです。

これが、シンクロニシティが起きにくくなる理由です。

シンクロニシティを起こす第一歩は、「いま」自分が何を感じているのかを受け止めることなのです。

「いま」何を感じているのか。

何を考えたのか。

このことを「意識して言葉にすること」が大事です。

シンクロちゃんのように、「サトユミ先生、帽子のカーラーとったんだ」でもよいのです。

ちなみに、私がベレー帽にカーラーをつけていたのは実話です(-_-)

いまから2カ月前、脚本教室に通っていたときのことです。

初めての1時間ドラマの作品を、3日間ほぼ徹夜でギリギリの時間までに書きあげ、タクシーに乗って駆けつけました。

タクシーの中でカーラーを巻いて、その後カバンにしまったのですが、カバンの中のベレー帽に引っかかってしまいました。

それを知らずに、教室に入る前にベレー帽を被《かぶ》り、**人に指摘されるまで1時間以上気づかなかったのです。**


受講生は男性ばかりでしたが、唯一の女性が、言いにくそうに指摘してくれました。先生も他の方も、言い出せずにいたに違いありません。

感じたこと、ちゃんと言葉にしないと！　と思いました（笑）

その約2カ月後、急にこの本を漫画にすることが決まり、その脚本を私が書くことになりました。脚本を習い始めて数カ月でこの展開。

当初、この本はそういう予定ではなかったのです。

あのとき諦《あきら》めずに、1時間ドラマの作品を完成させてよかったと思います。

習い始めて右も左もよくわからないまま、3日でなんとか仕上げたという経験が、今回の本をつくるのに役立ちました。あの経験がなければ、私は「この本、マンガにしませんか？　急いで脚本を書きますから」と、無茶な提案はしなかったと思います。

きっと、なんとかなるはず！！
あのとき、カーラーつけてまで頑張ったんだから！！
これもシンクロニシティです。

10秒スイッチを続けて丸12年の私ですが、こんなふうにすべての選択が無駄なく未来に活かされています。

12年前、どん底だった私がここまで来たのですから、だいじょうぶ。
あなたにも必ずできます。

最初は10秒を目安に感じてみてください。
歩きながら、電車に乗りながら、家事の合間に、「いま」あなたが何を感じているか意識してみましょう。

そうすることで、あなたは、いつの間にかシンクロニシティを起こすスイッチに少しずつ近づいていきます。

Lesson1 まとめ

いまの自分の気持ちに気づいてニッコリ(^^)

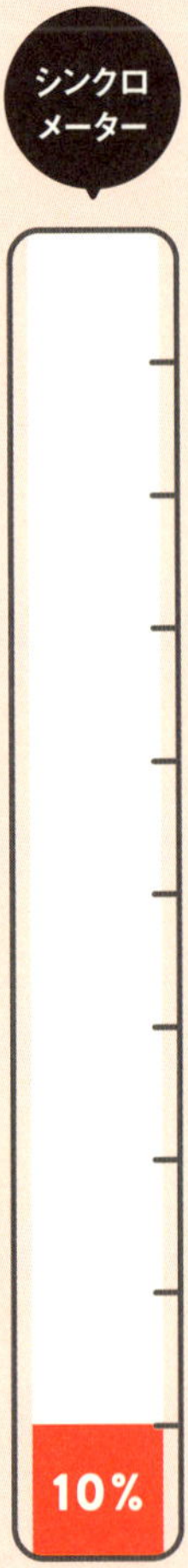

Lesson 2

自分に自信が持てないとき

シンクロを起こす
スイッチは
「本当の気持ち」の奥にある

1週間後
シンクロリーーン♪
こんにちは!!
いらっしゃい!!!
どうだった?
すごいじゃない!!
自分の気持ちを伝えられたのね!!
そうなんです!!
同僚の手作り弁当がすごくキレイで「おいしそう!」と言ったんです
そうしたら作り方も教えてくれて……
順調ね!
同僚は話しかけにくいって勝手に思ってたけど……
自分が近寄りにくい雰囲気を作ってただけだって気づいて……
自分の気持ちに気づくと人間関係も変わるのよね~!!
でも……

自分のことあまり好きじゃないな〜ってことにも気づいちゃって……
同僚と比べて私はダメだとか自信ないとか
会社にイケメンがいないとか……
ペロ
すごいじゃない!!
嫌だと思ってることにも気づくだなんて!!
え?
ど、どこが……?
だってシンクロ星でそこまで「嫌」と感じたことあった?
あ……嫌だと感じたらすぐにアメを舐めてました
そういえばここ1週間舐める回数が減ったな……
いいことじゃない!!
ええ!?
本当の気持ちの奥にシンクロを起こすスイッチはあるのよ
アメを舐めてると自分の気持ちをごまかしちゃってスイッチにたどり着けないの

本音と建て前っていうじゃない？
建て前ばかりだと本当の気持ちが分からなくなるの
建て前と本音
残業やります!!
本当はやりたくない…
じゃあよろしく
タテマエ
ホンネ
シンクロスイッチ
シンクロが起きるには自分の本当の気持ちを感じて理解する必要があるの
？？混乱する!!
本音が嫌な気持ちって分かったら？
その気持ちに気づけてすごい！って自分をホメるの!!

そんなことをホメていいんですか？
私、シンクロ星でホメられたことないし仕事も料理もできないし……
シンクロちゃんにとって「ホメる」の定義が狭いのかもね
仕事ができたらとかハッキリ分かりやすい成果じゃないとダメだと思ってない？
え!?違うんですか!?
う〜〜んそうね
気持ちに気づいたことにOKを出すっていう方が近いかな
本当の気持ちに気づくほどシンクロスイッチに近づくからOKなのよ
なるほど！しっくりきました！
じゃあ、今、何にOKできる？
ええっと……それならできると思った、OK！
そう！まだまだあるわよ!!
ええ〜!?

今日ここに来れてる、OK!!
毎日会社に行ってる、OK!!
電車に乗ってきた、OK!!
朝起きれた、OK!!
ちゃんと歩いてる、OK!!
髪をとかした、OK!!
そんなこともホメ……じゃなくてOK出していいんですか？
そうよ!!
OKのハードルをものすごく低くするのがポイントよ!!
10秒あれば2つくらいは余裕よ!!
じゃあ……
サトユミ先生の話をちゃんと聞いてる、OK!
私にもできそうと感じている、OK!!
いい感じ！
シンクロリン♪
10秒スイッチはね、私が自分を責めてばかりだって気づいたときに生まれたの
えっ!?

ロースクールを卒業したものの自分には向かず「今の自分には何もない」と悩んだ
でも「自分に×」ばかり付けていることに気づいて「これからはどんな自分にもＯＫを出してあげたい！」と決意!!
10秒スイッチ誕生！
今はやりたいことを仕事にできて昔が嘘のよう！
サトユミ先生でもそんな時期があったんですね！勇気が湧いてきます！
10秒スイッチを続けていくとどんどん願望が実現していくの
次回までは10秒で2つくらいＯＫ出せるようにね！

ヨオ
やあ
会社にはイケメンがいないと思った！ＯＫ！
くる
くるし
イケメンが会社にいればがんばれるのにと思った！ＯＫ！
シンクロリンクロシンクロリ～ン♪
……あれ？？
体が勝手に!?

サトユミ先生の解説

Lesson 2

自分に自信が持てないとき

10秒スイッチは、私が崖《がけ》っぷちにいたときに「偶然に」誕生しました。

まさかこんなに私の人生を変えるものだとは、当時は全く気づきませんでした。

かつての私は、優秀な人と比べて、1日に何度も自分を責めていました。

そもそも法律家を目指してロースクールに入った私でしたが、**卒業したときに、本音では法律家になりたいとは思っていないことに気づいてしまったのです。**

（えー！）

「親や世間の基準に合わせたニセモノの夢だった」

その本音に気づいてからが、さあ大変！
なぜなら、無職・無収入・無人脈・貯金数万円の、35歳独身女性だったからです。

どうしよう！！
私には何もない！！

そこから必死に7日間、自分に向き合いました。
文章を書くのは好きだったので、ブログを書くことを決めました。

でも35歳で無職です。他の人は立派に社会人をやっている中、ブログを書くことがどんな意味があるのか？

ブログを書くうちに、パソコン一つで全国を飛び回れたらいいな、という憧れもありましたが、どうやって実現するのかまったく見当もつきませんでした。現実味のない夢のような感覚でした。

当時、友人たちは私に対して「どこに向かっていくのだろう？」と疑問に思っていたそうです（笑）

知るか〜〜！
本人もわからなかったのですから。

この日から、私はどんな自分にも、大親友のような気持ちで寄りそうことにしようと決意しました。

10秒スイッチが誕生した歴史的瞬間です。

低血圧なのに朝起きた私、エライ！
パソコンが苦手なのにブログを書くと決めて、超エライ！
記事を1つ書いた、天才！
タイトルを工夫した、すごい！
記事にコメントがついた、すごい！
ご飯を食べて体力つけて、エライ！

「こんなことできて当たり前」と思えることにもOKを出しまくりました。

「ブログを書く」という、法律家になることから比べると目標と言えないようなことを決めた自分にOKを出してあげたい。そうでないと自分は救われない。そう思ったのです。

ブログを書くには、起きる必要がありますし、ご飯を食べる必要があります。記事をどう書くか考える必要があります。

ブログを書くことに関連するすべてにOKを出してあげたいという気持ちで、当たり前すぎることにもOKを出していきました。

将来が不安だと思っている。そのことを認めてすごい！
私は世間から取り残されていると思っている。認めてエライ！
記事を書いて何につながるのだろうと思っている。認めてエライ！

ネガティブな感情にも、気づいたらOKを出していました。

35歳になるまで「法律家になりたいわけではない」という本音に気づけなかったのは、感情に蓋《ふた》をしていたからです。

違和感はあったのですが、それを認めてしまったら、時間やお金が無駄になるし、「カッコ悪い！」と無視していたのです。

だから、ネガティブな感情を認めることは本当にエライ！　と気づけました。

「できて当たり前」の行動にＯＫを出し続けていると、ネガティブな感情に気づいたら、それにもＯＫを出せるようになっていきました。

この積み重ねで、「あるがままの自分でＯＫ」と思える気持ちが育ったのです。

あんなに未来が不安だったのに、いつの間にか「私はだいじょうぶ」と思えるようになりました。仕事では、本や教材を出し、個人コンサル、講座開催と充実し、プライベートでは電撃結婚。たくさんの願いを実現してきました。

たった10秒の習慣が、シンクロニシティの流れをつくり、

どん底だった人生を劇的に変えてくれたのです。

もしあのとき、10秒スイッチを始めなかったら、私はいま、無職で引きこもりになっていたと思います。

人生は紙一重。

10秒の習慣をするかしないか。ただそれだけなのです。

この経験から、シンクロニシティは誰にでも起こせるし、すでに起こっているものだと思いました。**人は、自分と共鳴するものといつもシンクロしているのです。**

ラジオを聴きたいとき、聴きたい番組に周波数を合わせないと聴くことができませんよね。それと似たようなもので、あなたの心の状態とピッタリのものがシンクロしあって現実になっているのです。

そう、シンクロニシティは「いま」の自分の状態が大本になっているのです！

自分にＯＫを出せる範囲をどんどん広げていきましょう。

「電車に乗って通勤している自分」
「洗濯物を干している自分」
「買い物に行く自分」
「子供を迎えに行く自分」
「玄関の靴を揃《そろ》えた自分」
「イライラする自分」
「人の目を気にする自分」

「一歩を踏み出せない自分」
「子供を叱《しか》ってしまったと落ち込んでいる自分」
「夫に嫌みを言った自分」

どんな自分にもどんどんＯＫを出していく。
それがやがて、あなたにピッタリのシンクロニシティの波を作り出していくことになります。

Lesson2 まとめ

ちっちゃな褒めポイントに気づいてニッコリ(^^)

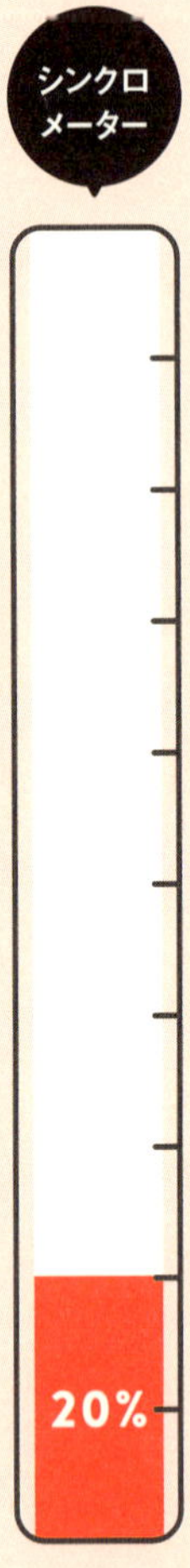

Lesson 3

行動できなくて責めてしまうとき

「できなかった事実」より
「やろうとした気持ち」のほうが
偉大なんです

ハイハーイ!!
ポイ
ポイ
ピンポーン
ズーン
マッハ！エラい！
ガチャ
あら……明後日じゃなかった？
突然OKが出せなくなりました……
何があったの？

最初は何でもOKを出せて順調でした
起きた！
エラい！
歯みがき
グッジョブ！
着替えOK！
そうしたら小さなシンクロが起き始めました
猫カフェ行きたいなぁ……
ねえ、猫カフェ行かない？
シンクロリーン！
座りたいな〜
ガタン
シンクロリーン♪
順調順調♪

そして私は本当の気持ちに気づきました
な……何？
イケメンと付き合いたい…！
でも、その考え自体ダメだと思ってました！
そこにOKを出すことができたのね！
それで私はイケメンに似合う女性を目指しました
化粧品選び、OK！
小顔マッサージOK！
いいことじゃない！
オシャレに気遣う、OK！

失敗もありました
キャリアウーマンっぽいかな？
卑弥呼みたい！
アハハ！
キャリアウーマンって!!
アハハ
私はツッコんでもらえると嬉しいと気づきました！
ＯＫ！
でも……ある日気づいたんです
溜まるゴミ
帰ってそのまま寝る
洗ってない食器
だらしない自分に……!!
こんな私がイケメンと
付き合えるワケない……
ペロ
ペロ

ダメなんて言わないい!!
ギョ!!
ム
サトユミ先生……キャラが……
熱くなると和田アキ○風が出ちゃうの
でもそんな私もOK!!
……

何でそんなに落ち込んでるの？
お皿洗うの先送りしたから……
お風呂入ってから寝たかったから……
そこよ!!
普通はできたこと以外にＯＫを出すことはできない
でも、できなくてもいいのよ
えっ!?
お皿洗ってお風呂に入って寝たい
そう思った大本の気持ちにＯＫを出すの
今の自分の感覚を大事にしてる、ＯＫ！って感じで
それならできそうです！
でしょ？実行できたらエラい！ＯＫ！でいいの
で、お皿を洗いたいという気持ちの大本は？
……イケメンに似合う女性になりたかったから

シンクロリー
その大切な気持ちにＯＫよ
熱いシンクロリン……
そばにいる大親友ってイメージね
大親友……

私にもできる気がします
そうでしょ！10秒でできるから
あれ？
シンクロ星ちょっと光ってる？
シンクロ星を本来の姿にしようと思ってる私、ＯＫ！
シンクロリンクロシンクロリ〜ン♪
イケメンと付き合いたい私
ＯＫ！

サトユミ先生の解説

Lesson 3

行動できなくて責めてしまうとき

ダイエットをしようと思っていたのに、ついつい食べてしまった……。
資格試験の勉強をしようと思っていたのに、ネットサーフィンしてしまった……。
早起きしてお弁当を作ろうと思っていたのに、寝坊してしまった……。

あなたならこんなとき、どうしますか？
「誘惑に弱いな」「ダメだな」と自分を責めてしまうかもしれません。

これはかつての私そのものです（笑）

自分にダメ出しをするときは、たいてい「○○になりたい」「○○をしたい」という理想の状態があるのに、思うようにできなかった場合だと思います。

責任感があって、頑張り屋さんであるほど、基準が高いものです。

「こうあるべき」「～でなければいけない」が強いと、その基準以下のことには×をつけてしまいがちです。

でもちょっと待ってください。

「できなかった！」と思うということは、
「何かをやろうとした」ということです。

えらい OK

これに気づいてほしいのです。

何かをやろうとするのは偉大なことです。

いまの私は心からそう思います。

かつての私は「何かをやろうとしたこと」より「できなかったこと」に注目していました。自分に厳しすぎると、自分の悪かった点ばかりに注目してしまい、それに引きずられてしまいます。

でも、10秒スイッチを始めたときから、私は生まれ変わりました。

レッスン2でも書きましたが、崖《がけ》っぷちの中で「ブログを書く」と決めた自分に寄りそってOKを出してあげたいと思いました。

自分を救ってあげたいと思ったのです。

そこで、徹底的に「何かをやろうとしている気持ち」に焦点を当て続けました。

ブログを書こうとして「記事のネタを考えているよね、素晴らしい！」
ブログを書こうとして「コーヒーを飲んで集中している、エライ！」
ブログを書こうとして「カフェでカップルの会話を聞いてる、エライ！」

こんなふうに「まだ書いていない」のに、「書こうとしている」という動機に焦点を当て、ＯＫを出し続けていました。
ブログを書こうとして「きちんと起きた、エライ！」
ブログを書こうとして「パソコンのある部屋まで歩いた、エライ！」

もはや、こじつけです（笑）

でも、徹底的に自分に寄りそっていると、不思議と絶対的な安心を感じるようになりました。

自分を受け入れる、自分にOKを出すということは、絶対的な味方になってくれるもう一人の自分を自分の中に住まわせてあげることです。

そういう味方がいると、できないことがあっても責めない自分になっていきます。

自分と仲良くできるからです。

例えば、大親友が何かできないことがあったとき、「ダメな奴だな」とは言わないですよね。「ずいぶん頑張ったね」と頑張ろうとした気持ちに寄りそうと思います。

そういう関係性を、もう一人の自分との間に築くのです。

自分が自分の最大の味方であり、大親友。

70才をこえても何かやろうとしていることエライ.OK.

「あなたならきっとできるよ」
10秒スイッチを続けていくと、そんな気持ちが、
もう一人の自分に対して生まれます。

あのとき「ブログを書こうと思っている」気持ちに徹底的にOKを出していたからこそ、私は続けられたと思います。

私は昔からどんなことも三日坊主になってしまうタイプでした。
その私が、ここまで自己実現できたのは、本当に奇跡だと思います。

これも10秒スイッチを続けることで、自分が本当にやりたいことに確信を持てるようになっていった結果です。
そして、10秒スイッチを始めて1年強ほどで、当初思い描いていたパソコン一つで全国を飛び回る生活を実現しました。

10秒スイッチを続けていると、その時の自分の器にふさわしい未来が見えてきます。

当初は「ブログを書くことで自己実現」だったのが、出版になり、教材販売になり、セラピストからコンサルタントへ転換……と幅を広げてきました。


自分の幅を広げることに終わりはありません。

ブログをはじめて11年経《た》ったある日の夜のことです。


急に「そうだ！ 脚本を習わないと！」と閃《ひらめ》きました。


いまから数カ月前のことです。よくわからないまま、教室に通い始めました。

すでに他所で学んできた人もいて、完全に初心者の私は「皆、レベルが高いな……」と驚くことが何度もありました。

10秒スイッチをする前の昔の私なら、周囲と比べて自信をなくしてしまったと思います。

でも私は「脚本を学びたいと思っている気持ち」そのものにＯＫを出し、自分のペースで学び続けました。仕事が忙しくて、課題は半分ほど出せませんでした。

その講座では最終的に1時間ドラマの脚本を出すことになっていました。
それが、ベレー帽にカーラー事件です。
3日間で仕上げなければいけない状況で、普通なら諦めていたと思います。
でも、ずっと「脚本を学びたいと思っている気持ち」にＯＫを出していたので、
「いまの私の実力でやりきろう」と思えました。

その後、急きょこの本が漫画形式になり、私が脚本を書くことになったのです。

これぞシンクロニシティそのもの！

だから、心底こう思うのです。
あなたの「やろうとした気持ち」そのものにＯＫを出し続けてほしい、と。

あなたがあなたの最大の味方になったとき、到底無理だと思っていた開かない扉が
あなたを待ってくれています。

Lesson3　まとめ

やろうとした自分に気づいてニッコリ(^^)

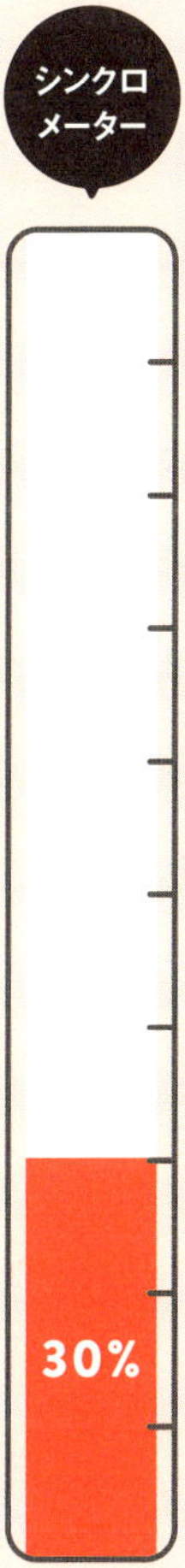

COLUMN

10秒スイッチで幸せになった人たち（実話です。）

結婚編

自分にOKを出したら、ときめき復活！

ずっと好きな人ができない女性が、結婚へまっしぐら

好きな人ができない、と悩んでいる方はたくさんいらっしゃいます。

「人を好きになれない」というのは、「自分を好きになれない」ということ。

そこに鍵があります。

婚活しながらも、ずっと好きな人ができないことを悩んでいた女性が、10秒スイッチをして、運命のパートナーに出会うことができた実例です。

ある講演会後の懇親会で、私は夏美さんの相談に乗りました。長年、婚活をしているのだけど、好きな人がずっとできない。誰にもときめかないことに悩んでいました。

私は、夏美さんに10秒スイッチで自分にOKを出す方法をアドバイスしました。

夏美さんはそのとおり、10秒スイッチをやり、自分は結婚して幸せになってもよいと許可できる感覚になりました。大きな気づきだったそうです。

大きな気づきがあった数日後、既婚者の友人が誘ってくれた外国人が集まるパーティーに出席する予定がありました。

おめかししようと美容院にいるとき、スマホでネットサーフィンをしていたら、見たことがない婚活パーティーのお知らせが目に飛び込んできて、なぜかすごく引き付けられたのです。

しかも、そのパーティーは本日開催。締め切りは30分後！

「友達と約束しているし、どうしよう……」と迷いましたが、そのパーティーがどうしても気になり、友達に事情を話したところ、快くキャンセルに応じてくれました。

そして私は、ネットで偶然見つけたそのパーティーに行ってみました。

そこで、ある男性と知り合い、「この人だ！」と直感。

そのひらめきどおり、約1年半後にその男性と結婚することになりました。

好きな人がずっとできなかった夏美さんに何が起こったのでしょう。

まず、**自分にOKを出したことで、ずっとクローズしていた本能や直感が呼び覚まされたのです。**「自分は愛されていい」「愛されるのにふさわしい」という自己肯定感も高まったのでしょう。

さらに、**自分を認めることは、相手を認めることにもつながっています。自分に×をつけることは、周りの人にも×をつけているということです。**その×が外れたので、出会った男性にもOKを出せるようになった。「素敵」「かっこいい」と、相手を認めて、ときめく感性を取り戻すことができたのです。

「10秒スイッチで直感が冴《さ》えるようになるのはなぜ？」と、ご質問をよくいただきます。根気よく10秒スイッチを続けて自己肯定感が高まると、現実を見る恐ろしさが消え、いいも悪いもすべて認められるようになってきます。**自分のことも俯瞰《ふかん》できるようになり、何かチャンスがやってきたとき、直感が働いて自分にとってよいほうを選ぶことができるようになるのです。**

Lesson 4

なかなか直らないクセで責めてしまうとき

人生は「結果オーライ」になればよい

一緒に働く西園寺さんです
よろしくお願いします！
イケメン!!
シンクロ起きた!!
昼休み
西園寺さんと話したい…
私なんか相手にしてくれないだろうな…
こんなときこそ10秒スイッチ!!
西園寺さんと話したい私、OK！
さ、西園寺さん!!
話しかけた私、グッジョブ!!

数日後
最近楽しいなー
人間関係良好!!
西園寺さんも♡
!
西園寺さんからメール?
来週、一緒に……夕食を
夕食?
ええ〜!!?
夕食誘われちゃったぁ〜!!
うわぁぁあぁぁ!!
ペロ
ペロ
ペロ
どうしよ〜!!

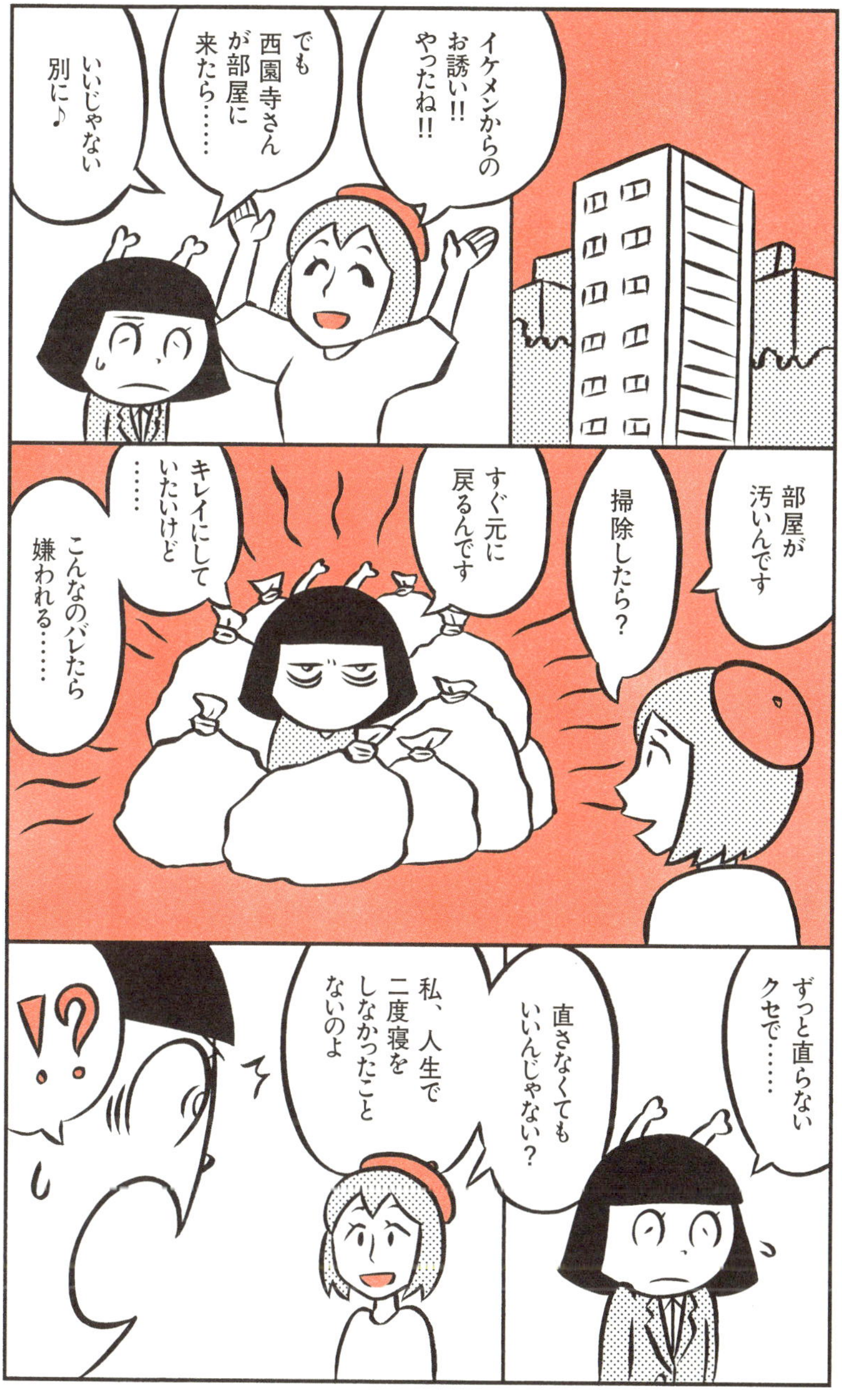

イケメンからのお誘い!!やったね!!
でも西園寺さんが部屋に来たら……
いいじゃない別に♪
部屋が汚いんです
掃除したら?
すぐ元に戻るんです
キレイにしていたいけど……
こんなのバレたら嫌われる……
ずっと直らないクセで……
直さなくてもいいんじゃない?
私、人生で二度寝をしなかったことないのよ
!?

朝が苦手でね
四度寝とか
普通にあるわ
早起きして
ジョギングしたり
本を読んだり
するのが理想なの
でも一度も
できたことはない!!
わ、私なら
絶対責めます!
私も
そうだった
10秒スイッチを
開発してからは
責めなくなったけどね!!

最終的に
起きたことへ
大きなＯＫ
を出して
ホメまくれば
いいのよ
なるほど！
眠い…OK
あと5分…OK
起きた！エラい！
起きてジタバタ
するじゃない？
でも帳尻合わせ
ようとして
エラい！とか
5分で
準備できて
エラい！とか
一つ一つにＯＫを
出していくの
そしたら
結果オーライになって
なぜかつじつまも
合っていく
私も
やってみます!!
掃除したいけど
今はできない、
ＯＫ！
そうそう！
……でも
掃除できない
間は？
きっと結果
オーライに
なるから
ＯＫ！かな
そっか！

でも条件があるの!!
ズイッ
これは10秒スイッチを続けてきた人にだけ効果があるの
未来を信じられる自分が育ってる人ね
たしかに最初の自分に言ってても嘘っぽいと思うかも
そう思うのは順調な証拠
そっか……本当の気持ちの奥にスイッチがあるから……
結果オーライにするならできる時にやろうと思えてきました
そんな自分にOKよ!
よし!!
週末できるとこを掃除しようと思ってる私、OK!!

シンクロ星は
結果オーライになる!!
バッ
パァァ…!!
シンクロリンクロ
シンクロリ～ン♪
くるくる
くるくる

サトユミ先生の解説

Lesson 4

なかなか直らないクセで責めてしまうとき

「やろうと思ったことができなかった」
「計画どおりに進められなかった」

そういうことってたくさんありますよね。

レッスン3では、「やろうとした自分」にＯＫを出すことをお話ししました。

でも、「やろうとしたけどできなかったこと」が、直したくても直せないクセや習

慣となると、工夫が必要になってきます。

というのも、直したいクセは日常的なことだからです。

「片づけられない」というクセを例にとってみます。

普段片づけができているけれども、忙しくて今日はできなかったという場合は、レッスン3の「片づけようとしたこと」にOKを出せばだいじょうぶです。

でも、そもそも片づけが苦手という方も多くいらっしゃいます。

片づけられないことに対して、必要以上に自分を責めている方に、私は数えきれないほど出会ってきました。世の中がお片づけブームなので、「掃除しないといけない」と思っている方が多いのかもしれません。

こういう場合、時間軸を長くとってものごとを観ることをおすすめします。

「結果オーライになればよい」という感覚を育てるのです。

漫画では、私が朝起きられないことを例にとりました。直そうと思ったこともあったのですが、一度もできないので、そういう体質だと諦《あきら》めました。

諦めるは、「明らかに認める」が語源だと聞いたことがあります。

ジタバタせず、「私は一度では起きられない」と認めました。

とはいえ、これで全く自分を責めなくなるわけではありません。二度寝するときに「あ〜また起きられない」と思いながらも、寝てしまいます。

この「あ〜また起きられない」のときに、無意識で自分を責めているんですよね。人によっては「あ〜また責めてしまった」と、そのことに対しても責めてしまうのです。

あ、過去の私のことです（笑）

でも、10秒スイッチで工夫するようになって、捉え方が変わりました。

何度寝しても、最終的に起き上がったときに「天才だ！」「すごい！」と自分をべた褒めするのです。

何度も寝てしまう間は、どれだけ責めてもいいのです。最後に「起きてすごい！」とホメれば、それでヨシとします。

これは実は「陰を陽に転じる」という面でも、非常に意味があります。

陰陽太極図は、陰と陽が50％ずつで構成されています。プラスマイナスに例えると、陰はマイナス、陽はプラスの意味を持つと解釈されます。

ある量子力学の専門家に聞いたことです。

「陽が陰よりわずか1％でも上回れば、陰が陽に転じていくんだよ」

どういうことかというと、陰が49・5％、陽が50・5％のとき、陽が1％上回っていますよね。このとき陽に転じていく、つまりプラスに転じていくというのです。

陽が50・5％の状態とは、通常よりわずか0・5％だけ上回っている状態です。

プラスがわずか0・5%だけ上回れば人生は好転し始める!!!

そう解釈してもよいのではないでしょうか。

10秒スイッチはそのために大いに役立ちます。

どんなに自分を責めても、最後に「よしOK!!」とすれば、0・5%は上回ると思います。


だからどんなに直らないクセがあって責めることがあってもいいのです!「結果オーライになる」と、最後は0・5%だけプラスが上回る状態を前提にすればよいのです。


それだけで「いま」を穏やかに過ごせます。

シンクロニシティは「いま」のあなたにピッタリの出来事がタイミングよく起こることなのですから。

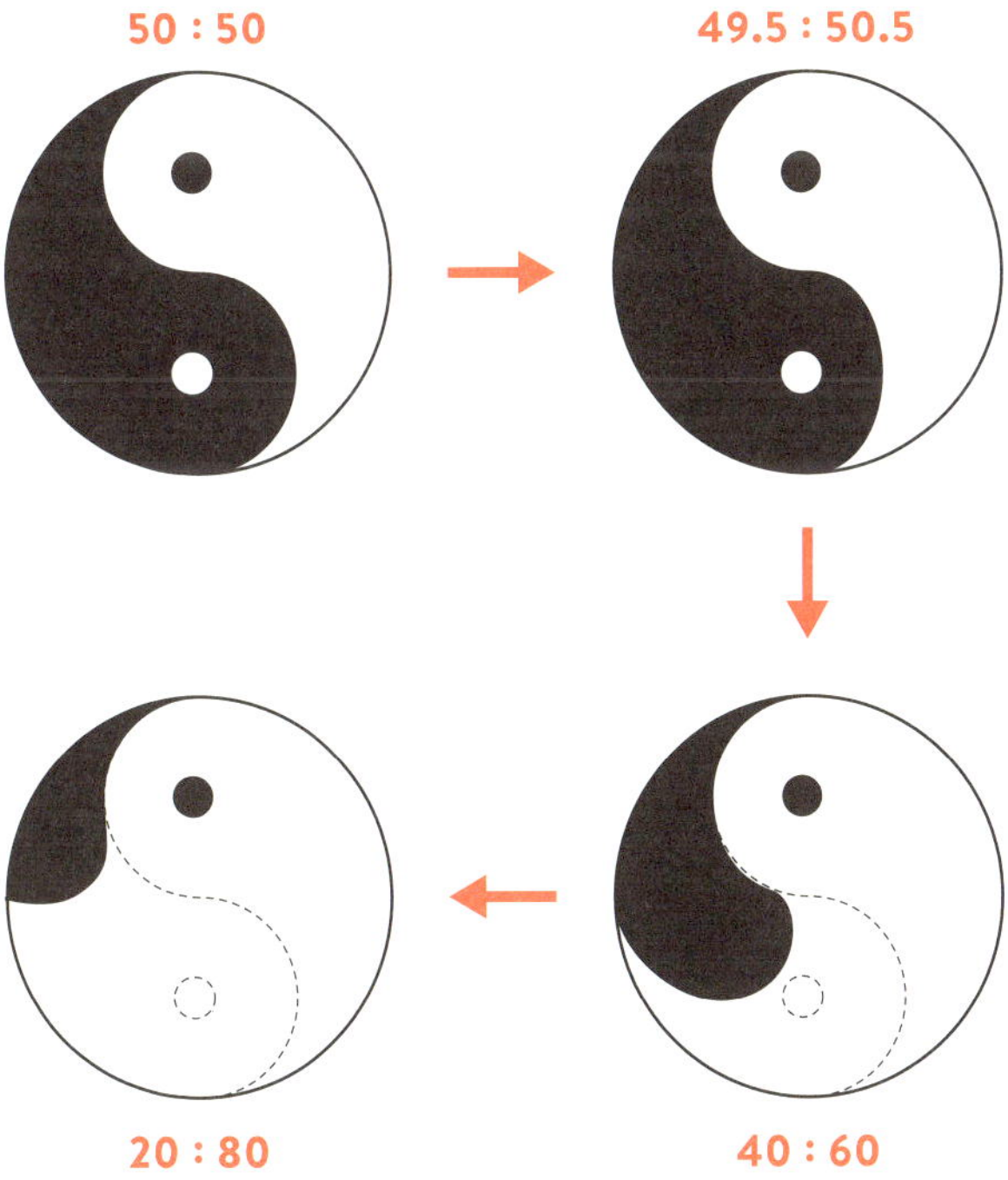

「勢いをつける」ことで
陰陽反転が起きる

ちなみに、人生で二度寝ばかりしている私は、学生時代から遅刻の常習犯でした。
先生には「君は一生、遅刻するクセは直らない！」と怒られていました。
実際、大人になっても、遅刻することがたまにありました。
でも、10秒スイッチを続けているうちに、「結果オーライ」を前提にすることができました。

すると……信じられないことが起きたのです！

数年前、私にとって重要な3カ月間のコーチングセミナーがありました。

でも、私は初日から寝坊してしまいました(-_-)
四度寝してしまったのです！！

起きたらもうセミナーが始まっている時間です。

こんなときこそ10秒スイッチ！

「起きた自分、すご〜い！！！」とOKを出し、準備をしました。

セミナー会場に着いたときは、1時間以上遅刻していました。100名ほどのセミナーだったのですが、遅刻した私は、後ろの1席しか空いていませんでした。座ると、隣の男性とペアワークを組むことになりました。

実は、その男性も遅刻していたのです。いつもは一番前に座るタイプなのに、なぜか遅刻してしまい、私よりは少し早く着き、後ろの席に案内されたそうです。

遅刻した者同士でペアワーク。

その男性は話すのが苦手で、ペアワークのときもオドオドしてしまっています。

私は「こういう質問をすると答えやすいですよ」と、彼に手取り足取り（？）アドバイスすることになり、感謝されました。

話しやすい人は私だけだったらしく、懇親会までずっと私の隣を離れませんでした。

懇親会が終わり、彼はこう言いました。

「佐藤さんのおかげで、今日一日話す相手がいて助かりました！　お礼に、佐藤さんに紹介したい男性がいるのです」

彼が通っている別の講座の講師を紹介してくれることになりました。

そのときに紹介された男性が、私のいまの旦那さんです。

四度寝してもOKを出す。
遅刻してもOKを出す。
結果オーライにすればよい。

どんな「いま」でも、わずか0・5%プラスにする10秒スイッチの習慣が、人生を好転させるのです。

Lesson4 まとめ

なかなか直らないクセと仲良くしてニッコリ(^^)

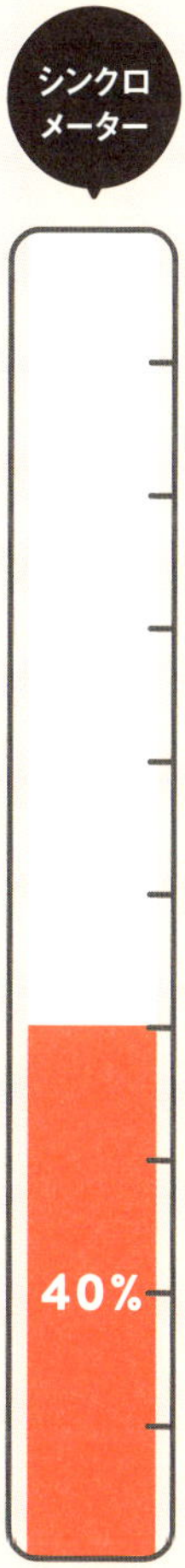

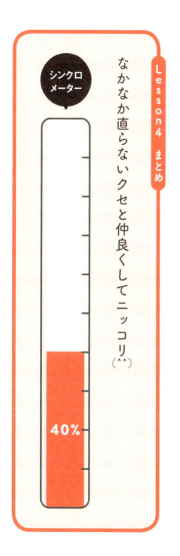

COLUMN

10秒スイッチで幸せになった人たち（実話です。）

―恋愛編―

片思い・脈ナシから大逆転！「素敵」にフォーカスして10秒スイッチをしたら、「素敵」な彼ができた！

「本当に好きなものを選んでください」「好きなことをしてください」とお伝えすると、「自分が本当にそれを好きかわからない」となる方も多いものです。

自分にとって何が一番ぴったりくるのか、わからないのです。

「素敵」と思う感覚に意識を集中して、10秒スイッチをすることで、自分にとっての「素敵」に出会う方法があります。

片思い、脈ナシからの大逆転で、素敵な彼とラブラブになった美佳さんのお話です。

私は当時、ある男性に想《おも》いを寄せていました。

食事に行ったり、遊びに出かけたりは何度かしていて、お互いの家も知っているけれど、友達以上恋人未満のような微妙な距離感があり、なかなか進展しませんでした。

彼の気持ちがイマイチわからず、焦りが出てきてしまいました。

ある日の朝、彼の趣味であるスポーツを応援するために、家に手作り弁当を持っていったら、彼の顔色がさっと変わって、「ありがとう。でも、君にそんなことを求めていないよ」と言われてしまいました。

急速に距離を縮められることに抵抗を示したのかもしれません。

正直、ショックでした。

それから彼との連絡は途絶えてしまいました。そんな中、サトユミ先生の本『うまくいきそうでいかない理由』と出会い、10秒スイッチを始めたのです。


美佳さんは、朝の自分に伝えるメッセージの方向を絞りました（『うまくいきそうでいかない理由』で詳しく述べています）。

「あの店員さん、笑顔が素敵」「あの人、素敵な雰囲気」「この花、キレイ」といったように、外出先で出会う素敵な人・モノに出会ったら、その瞬間、朝の自分にその素敵ポイントを報告していたそうです。

「カフェで笑顔が素敵なスタッフの人に会ったよ」「今日すごく仲良しで素敵なカップルを見たよ」「電車で赤ちゃん連れのお母さんに席を譲っている素敵な高校生に会ったよ」という具合です。

素敵ポイントを朝の自分に報告し続けて1カ月くらい経《た》った頃でしょうか。知人からある男性を紹介されました。その男性は私のことを気に入って、かなり積極的にぐいぐい攻めてきました。

「片思いの彼がこれくらい積極的だったらいいのに……」と内心思いつつ、すごく熱心にアプローチしてくれるので、「この人とお付き合いしてもいいかな」とちょっと思いました。

でもそのとき、ハッと気が付いて、「やっぱり片思いの彼がいい!」「ここは嘘をつけない」となって、その男性をお断りすることにしました。すると、その数日後、なんと片思いの彼からメールが来て、「どうしても会いたい」と言うのです！
久しぶりに会ったところ、なぜかお互いに深く通じあい、「付き合ってほしい」と告白され、同棲《どうせい》するようになりました。

10秒スイッチをする前の美佳さんは、いま現在の「彼氏ナシの自分」に×を付けて焦っていました。

でも、一度フラれてしまった後、**「素敵」に焦点を合わせて10秒スイッチをすることで、自分にも「素敵」が投影されていったのです。**

いったいどういうことでしょうか？

答えは「潜在意識には主語がない」からです。

簡単に言うと、**「人を素敵と褒める＝自分を素敵と褒める」**と暗に認めているのと同じなのですね。美佳さんは「素敵」を見つけていく中で自分もどんどん「素敵」になっていったのです。

片思いの彼は、美佳さんにとって初めから「素敵」な人ですから、素敵になった美佳さんと「素敵な者同士」が引き合ってシンクロした——ということなのです。

今日から、あなたにとっての「素敵」「好きだなあ〜」と思えるものを見つけて10秒スイッチをしてみてください。

あなたが心から「素敵」と思える人や、物、仕事や現象に出会えることでしょう。

Lesson

5

失敗した自分をダメだと思うとき

あるがままの感情を
深く認めることで
「自分の現在地」が明らかになる

掃除してエラい、私!!
結果オーライになる私、OK!
花を飾る花瓶欲しいな
後日
あれいいな!
こちら40%オフです!
ウソ!やったー!!
花瓶
シンクロだ!ラッキー♪
シンクロリ～ン♪
花瓶
ガハハ
翌朝
西園寺さん休み?
明日のデート大丈夫かな
翌朝
今日も休み……!?
今夜中止……!?
失礼します
会社のメアドしか知らない…
ス…

ケーサツ!?
え…?
何?
ケーサツ?
上司と!?
下着を…
盗撮…
何!?
タイホ…
え!?
西園寺さんのデスク……!?
あっ!?
西園寺さんのパソコンに……!!
うわあああああああ!!
Saionji
シンクロちゃん
来週の食事楽しみだな
西園寺!!
ペロン
ペローン
西園寺さんとのメール見られるぅー!!

そっか、盗撮と下着ドロボーで逮捕か…
でも心の奥のスイッチを押すチャンスよ！
ちゃんす…!?
落ち込んでるのは理想と現実にギャップを感じたからね？
そーです！
でなきゃこんなに落ち込みません!!
その理想を思う気持ちにOKよ
頭では分かってても……
10秒スイッチできなくて！
コツがあるわ！
私、人前で話すのが苦手でプレゼンを本格的に学んでたことがあったの

それなのに……
ある作家さんのパーティに呼んでもらったときにね
カンパ〜イ♪
とくに何も気にせず食べていたらスピーチを振られたんだけどうまく話せなかったの
そのときに理想と現実が違うってことを深く認めたわ
深く認める？
そう！それから仕事がうまくいくようになったの
どうして？

そばにいた出版社の社長に
急に話すの苦手で……
って言ったの
そしたら……
いつまでも北海道の田舎の姉ちゃんのつもりでいちゃあダメだ!!
って言われて
当時、札幌から東京へ通って仕事してたの
前から周りからは「東京に行くべきだ」って言われてたけどそのつもりはなかった
自分には本気度が足りないって自覚したわ
次の日には東京に住む部屋を決めたわ
はやっ!!
東京へ出たら仕事がうまくいくようになったの
そんなことが……

大きいシンクロを起こすスイッチは心の深い部分にあるの
押すにはきっかけが必要
それがショックな出来事？
そう、うまくいかなかったことを深く認めるとそのスイッチを押せるわ
今の私は大きなシンクロスイッチを押すチャンスなんですね!!
その通り！
必ず次の展開や解決策が湧きあがってくる!!
いまの気持ちをそのまま唱えてみて
私はショックだった…
私はショックだった…
ブツ
ブツ
パッ

思い出しました！
ケーサツが西園寺さんの荷物を全部持っていったんですけど…
アハハ
なんかミイラ運んでるみたいで!!
アハ
本当は笑いたかったってことね……
ハ
私もデートしたくなってきたなー
いい人が現れそうな気はしてるんだけど
10秒スイッチですぐですよ
今後は失敗も10秒スイッチで深く受け止めてみて！
ハイ!!
笑ったら元気出ました!!
シンクロ星人本来の姿を取り戻してきたわね!!
シンクロちゃん!!
シンクロリンクロシンクロリ〜ン♪
くるくる
パァッ

サトユミ先生の解説

Lesson 5

失敗した自分をダメだと思うとき

「ピンチはチャンス」とよく言いますよね。私も実際そうだと思います。

ところが、頭でわかっていても、なかなか感情がついていかないこともあります。

「だいじょうぶ。これはチャンスだ」と心から思える人はそれでＯＫですが、**たいていの場合、表面的なポジティブ思考になりがちです。**

表面はポジティブでも、本音の不安を見ないようにしているだけなのです。

レッスン2では、本音を見ないようにすると、シンクロスイッチが押せないことを学びました。

レッスン5では、「大失敗だ！」「すごいショックだ！」と思う場面で、どう10秒スイッチを使うのか、お話ししたいと思います。

これを本当に使いこなせたら、シンクロニシティが起きまくります。

「ピンチはチャンス！（ラッキー！）」と心から納得できるようになりますよ。

シンクロちゃんにサトユミ先生は「深く認めること」がコツだと説明しました。

大きなシンクロスイッチは、心の深い部分にあるので、深く認めるほどに大きなシンクロスイッチを押せるのです。

「深く認める」を別の言葉で表現すると**「自分の現在地を知る」**です。

現在地がわかれば、自分がいまどこにいて、解決するにはどうすればよいのかが見えてきます。

そのためには、**「いま」自分が何を感じているのかを認めること**が鍵になります。

ドッジボールのとき、ボールをしっかり肚《はら》でキャッチするような感じです。

でも、ショックな出来事や大失敗は、誰でも目をそむけたくなりますよね。

認めたら怖い、傷ついてしまうかもしれない、自分には価値がないと思いたくない、と奥底で感じているからです。

こんな受講生さんがいました。

セラピストをしている女性ですが、どこか自信のなさを抱えていて、何かあると自分を責めるクセがありました。

興味深いのは、普段は小さく自分を責めているのですが、大きなネガ

ティブな場面では、一見ポジティブな言葉でごまかしてしまうのです。

例えば「**あ〜幸せだ、私！**」と、強制的にそういう言葉が湧いてくるのだそうです。当然、本当にそう思っているのではなく、深いショックなことを認めないように守っているのです。

まるで、シンクロちゃんが飴《あめ》をなめるときのように。

多かれ少なかれ、そういう部分は誰しもあると思います。私が彼女にアドバイスしたことはこうです。

嫌なことがあったら、小声でいいので「あ〜、○○が嫌だ嫌だ嫌だ嫌だ」と集中し

て唱えまくってください。
心の中で唱えるより、声に出したほうがよいです。

「え〜！　ポジティブな言葉の真逆じゃないですか！」

そうです。

でも、これがすごい効果を発揮します。

嫌なことを「嫌だ嫌だ」と唱えていると、状況を真正面から受け止めることができ、シンクロスイッチを押せるようになります。

彼女が、あるときこの方法をやってみたそうです。すると、半日ほど時々唱えていたら、ネガティブな感覚が「真に」おさまったそうです。リセットされたのです。

彼女の場合、今まで相当に感情をごまかすクセがついていたので、半日かかりましたが、慣れていくと短い時間でリセットできるようになります。

このリセット後、彼女は仕事で自分らしさを発揮できるようになりました。
前に出ることを遠慮するタイプだったのに、ラジオのパーソナリティーの話がきて、受けることにしたそうです。

さらに、何年も告知できないでいたセラピーメニューを、ブログで記事にして募集をかけることができるようになりました。

今までの彼女からは考えられない劇的な変化です。

嫌なこと、できていないことを深く認めて、現在地を理解すると、自分を責めてグルグルする状態をリセットできます。そして、本来進むべき方向の選択をとることができるのです。

シンクロニシティは
リセットした「いま」の状態に応じて起きるのです。

ただし、いきなり最初からそうはいかないと思います。

レッスン1から順番に進めているからこそ、レッスン5の「深く認める」ができるようになります。

自分のあるがままの感情を深く認められると、「人生ドーンとこい！」になります。

深く認めたその先に、あなたの想像を超えた新しい扉が開かれているのです。

Lesson5　まとめ

ダメだと思う気持ちを深く認めてニッコリ(^^)

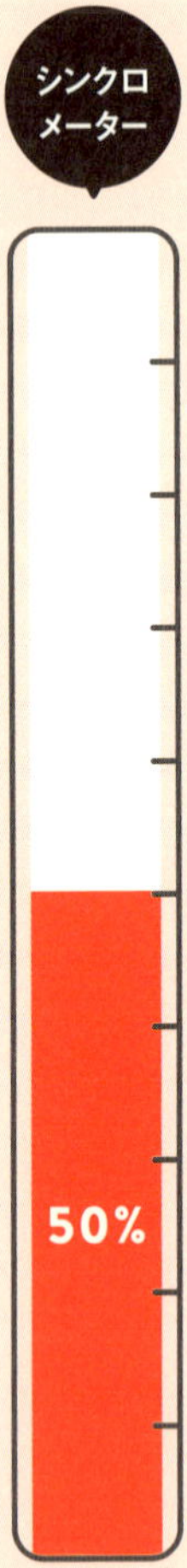

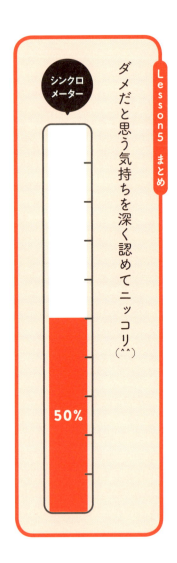

COLUMN

10秒スイッチで幸せになった人たち（実話です。）

夫婦関係編

片づけられない妻と怒る夫。破たん寸前の夫婦仲が一気にラブラブ！

私のパートナーシップ講座の受講生さんで、ほぼ破たんしていた夫婦関係を素晴らしく修復した女性、真紀さんの実例です。夫は単身赴任で1カ月に一度帰ってくるかこないか。帰ってきてもほとんど口も利かず、夫婦仲が冷め切った状態が3年以上も続いていました。

私は、家の片づけができなくて長い間悩んでいました。プロの片づけコンサルタントに来てもらっても結局元に戻ってしまうのです。そして、夫が単身赴任先から帰ってくるたびに、片づけていないことをひどく責められてしまうことを繰り返していました。

　片づけたい気持ちと、何から手をつけたらいいかわからないという気持ちの狭《はざ》間《ま》で、心の振り子に振り回されて続けていたのです。

　そのような中で、最近中学生の息子が不登校になってしまいました。今回が初めてではなく、数年前にも不登校がありました。そのとき夫は「ちゃんと学校に行かせろ！」とひどく私を責め立てました。その一件で、夫のことを「半径1メートル以内に近寄れない」というくらい大嫌いになってしまったのです。

　いよいよまた夫が帰ってくる日が近づいてきます。


「息子がふたたび不登校になったことがバレてしまう……」

「片づけも相変わらずできていない……」

そう切羽詰まっていました。

私は、真紀さんの中に夫への積もり積もった憎悪の感情があることに気がつきました。人一倍自己否定が強い方で、自分に×をたくさんつけているのですが、「**夫が大**

Column

嫌い」というのは、まさしく「自分が大嫌い」と言っている投影です。

私は講座の中で、そもそもの動機を俯瞰《ふかん》して考えるように伝えていました。

真紀さんの場合は「片づけたい」と思った動機です。

彼女は、そこでハッと気づいたのです。**「私が部屋を片づけたいのは、ただ家族の笑顔が見たかっただけだったんだ」**と。彼女は本当に長い間ずっと自分を責めて、悩み続けていたのでしょう。だからこそ、そのシンプルな心の声がストンと腑《ふ》に落ちて、やっと心の振り子が止まったのです。

ただ家族の笑顔が見たいだけだったのに、何らかの原因でそれができなくなった。それは、遡《さかのぼ》ると子供が生まれて間もない頃から始まっていたそうです。初めは自分のせいだと責め続け、さらに夫から片づけていないことを責められることで逃げ場を失い、嫌いになるしかなかった。部屋を汚いままにしておくというのは、夫への仕返しなのかもしれないと私は感じました。

夫が帰ってきたら、またこっぴどく怒られるのが嫌で怖くて仕方ありませんでした。でも、そもそも自分は家族の笑顔を見たかっただけなんだという動機を認めて、自分にOKを出したところ、夫にも淡々と子供の不登校について伝えることができたのです。

そして、なんと驚いたことに、前回のヒステリックな態度とは打って変わって、「おまえも大変だったな」と夫が初めて労《ねぎら》いの言葉をかけてくれました。しかも息子に対して「よく頑張ったと言ってやれ」と優しい言葉をくれたのです！

私が腰を抜かすほど、夫が別人格になっていたのです。私が「そもそもの動機」を認めたことで、それまでの不穏な空気が一変。シンクロニシティが起こり、私の望んだ「家族の笑顔」という次元にたちまちシフトしたのです。

いまは夫と並んでツーショットを撮るほど仲がよくなり、片づけも無理のない範囲でやっています。

人が何かしたい、と思ったときの動機は、「笑顔がみたい」「楽しみたい」「人を喜ばせたい」など、本当に純粋で、「ＯＫ」そのものなのです。でも、ちょっとしたきっかけでいつの間にかひっくり返って、×のほうに行きやすかったりします。

それが積もり積もると、家庭に不協和音を起こす原因となることもあるのです。

Lesson 6

悩んでグルグルしてしまうとき

相反する気持ちに
OKを出すと
直感が降りてくる

私、この仕事向いてないな～
アアア～
私、何に向いてるんだろ…
本当は何がしたいんだ…？
キャリアウーマンかっこいい～!!
ちんちくりーん

ゴトン
ガタン
すいません…
フギャ
フギャ
大丈夫だよ！
ニコ…
ニコニコ
お母さ〜〜〜ん!!
泣いてる子供見ると放っておけないんだよな…

大したもんだ!!
オジサン苦手だな～
ハハハ
どうせならイケメンがいい…
ハッ
こんなときは10秒スイッチ!!
イケメンがいいと思った私、OK!
でもイケメンが少ないと葛藤する私、OK!
それで…
いいこと思いついたぞ!
シンクロリン

数日後
昔から自分が何に向いていて何がしたいのか分からないです
自分へのOKを増やすことが大切よ
あるときフッと分かるの
じつは靴ワークを発明してOKが増えてるんです！
靴ワーク？
画期的なワークです!!
イケメンがいいと思う私
でもイケメンが少ないと葛藤する私
両方にOKを出したら
閃いたんです!!
顔を見ずに靴を見てOKを出せばよいと！
最近の私は男性の顔を見ません
じっ…
靴だけを見る
その人の中身を想像します
そうするとこの人頑張ってるなと感じるんです
結構キレイだな…
新人？
毎日四苦八苦なんだろな…

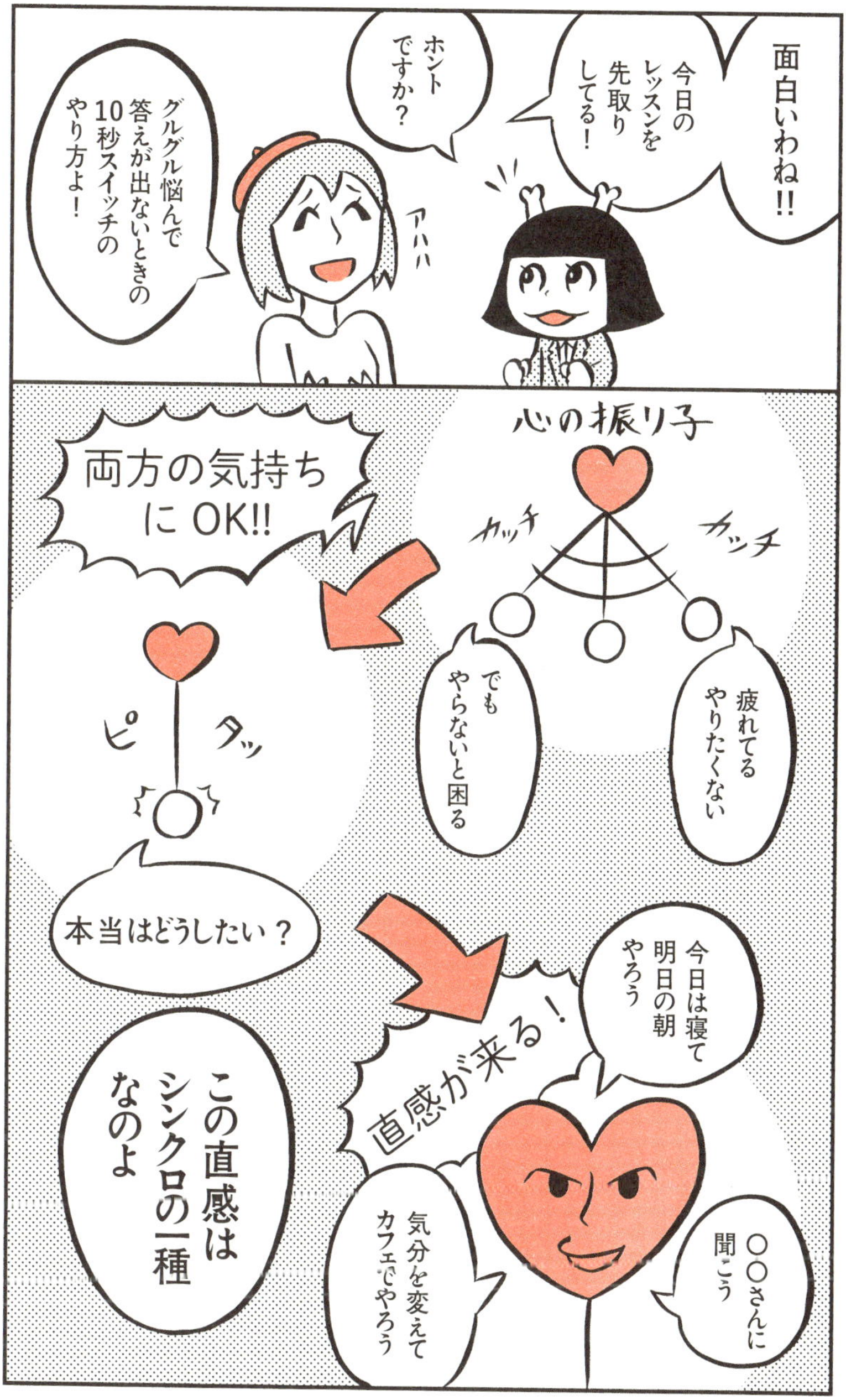
面白いわね!!
今日のレッスンを先取りしてる！
ホントですか？
アハハ
グルグル悩んで答えが出ないときの10秒スイッチのやり方よ！
心の振り子
カッチ
カッチ
疲れてるやりたくない
でもやらないと困る
両方の気持ちにOK!!
ピタッ
本当はどうしたい？
今日は寝て明日の朝やろう
直感が来る！
○○さんに聞こう
気分を変えてカフェでやろう
この直感はシンクロの一種なのよ

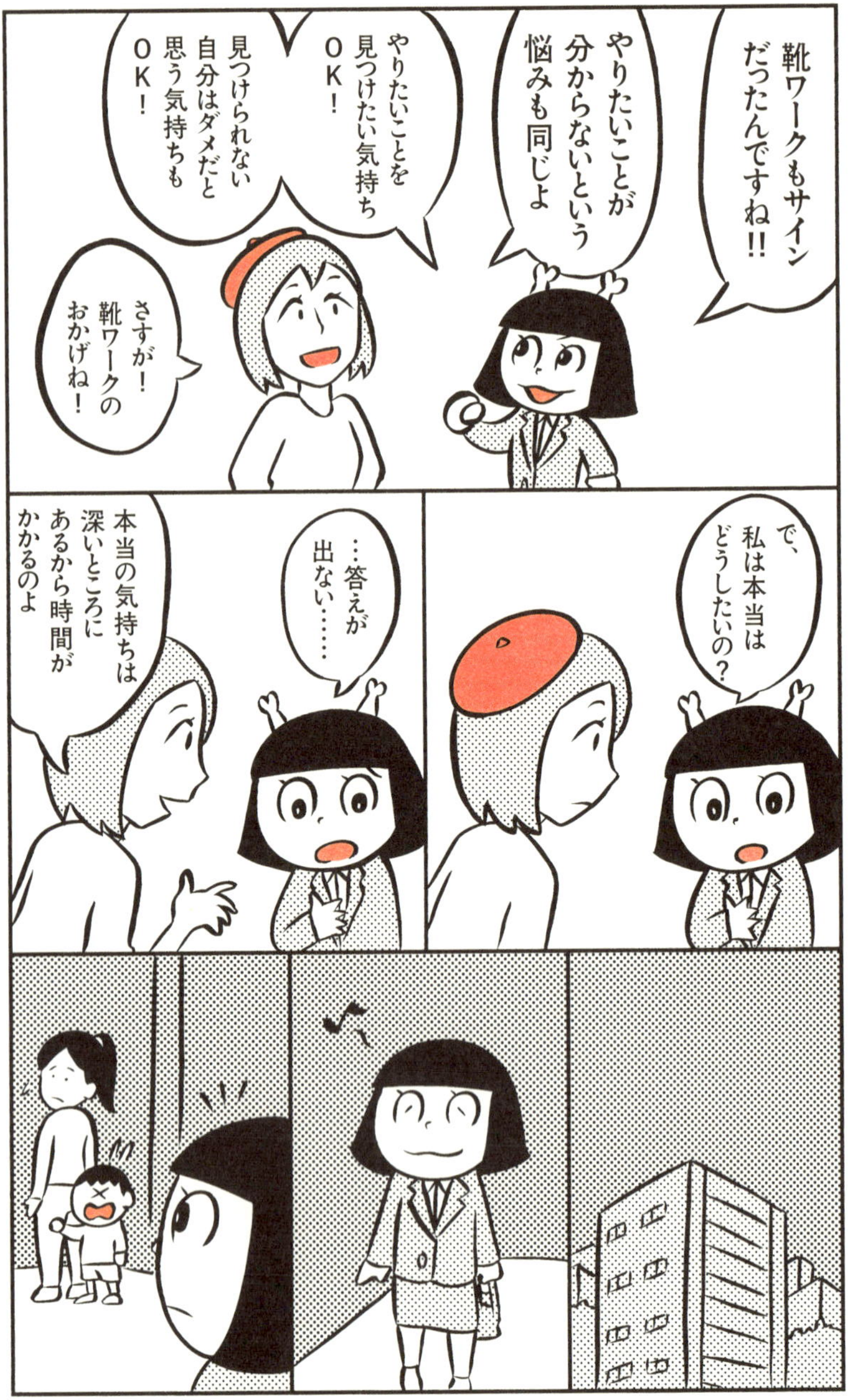
靴ワークもサインだったんですね!!
やりたいことが分からないという悩みも同じよ
やりたいことを見つけたい気持ちOK!
見つけられない自分はダメだと思う気持ちもOK!
さすが！靴ワークのおかげね！
で、私は本当はどうしたいの？
…答えが出ない……
本当の気持ちは深いところにあるから時間がかかるのよ

シンクロ
リンクロ
パァァ…
シンクロ
リ〜ン♪
シンクロ星の
子供たちがみんな
笑顔になればいいな

サトユミ先生の解説

Lesson 6

悩んでグルグルしてしまうとき

「やりたくないけど、やらなくてはいけない」
「早くやったほうがいいのに、先延ばしして取り組めない」

いまやったほうがいい仕事や勉強、将来のためにすべきことに手をつけられずに後回しにしてしまうことは、あなたにも多かれ少なかれ心当たりがあると思います。

ジレンマを抱えて、結局何もできていない自分を責め続けてしまう……というパターンです。

実は、私は先延ばしの常習犯です。

「早くやったほうがいいのに」とわかっちゃいるのに、スマホで映画を見て時間がなくなってしまうことが多々あります。

二度寝宣言の後は、先延ばしの常習犯。

絶対に人生がうまくいかなそうなタイプですね（笑）

そうです。私は、10秒スイッチを開発するまで、人生がずっと中途半端なままでした。

何かを始めても、最後までやり遂げられませんでした。

そんな私でもシンクロニシティを起こし続け、なりたい自分になれた秘訣《ひけつ》。

それが10秒スイッチなのです。

10秒スイッチはとてもシンプルで、「いまの自分にOKを出す」が本質です。

でも、状況によっては、なかなかOKを出しにくいこともあります。そんなときどうやってOKを出すとよいのか？

それがレッスン6の内容です。

コツは、葛藤《かっとう》している気持ちを両方そのまま認めてOKを出していくこと。

そのための準備が、いままでのレッスン内容です。

レッスン1で「いま何を感じているのか」に気づく。

←

レッスン2で「ネガティブな気持ち」「小さなできていること」に気づいてOKを出す。

←

レッスン3で「やろうと思っている気持ち」にOKを出す。

これらをやると、「いま」葛藤している両方の気持ちを認めることができます。

葛藤しているときは、両方の気持ちが振り子のように揺れているような状態になっています。揺れ続けていると、振り子の幅が大きくなり、気持ちはグルグルし続けてしまいます。

振り子が止まると、初めて「どうすればよいのか」と解決に意識が向きます。

振り子を止めるためには、3つの段階に分けられます。

①揺れている両方の気持ちを認めてOKを出す。
②振り子は中庸《ちゅうよう》におさまっていき、止まる。
③「本当はどうしたい？」と自分に問いかけてみる。

そうすると、問いかけの答えのヒントが、直感として降りてきます。

どんなふうに直感が降りてくるかはそれぞれです。何かピンとくるものがあるならば、ぜひ従ってみてください。それもシンクロのひとつです。

その結果、思ってもみなかった選択肢に気づくこともあるでしょう。

ただ、場合によっては、本当の気持ちがなかなか出てこないこともあるかもしれません。

例えば、「いま東京で仕事をしているけど、田舎に帰ってお見合いをすべきか」など、すぐに決められないことはあります。そのことを考えるたびにモヤモヤするときは、「揺れている自分もＯＫ」としてあげましょう。

そもそも人の感情は一定ではありません。脳波も心臓の鼓動も絶えず波打っています。喜怒哀楽が人間の基本感情ですから、怒ったり、悲しんだり、落ち込むことがあって当然です。

中庸でいられると確かに心は安定しますが、「中庸であらねばならない」なんてルールはありません。

モヤモヤする日があってもいい。

それくらいに思って、「悩んでいる私もＯＫ」「よく考えてエライ」とＯＫを出してください。

そうやって自分にＯＫを出し続けていると、腑《ふ》に落ちるような出来事が起こって、すんなり決断できる最適なタイミングがきっとやってきます。

ここで、心の振り子が止まるキラーフレーズをご紹介します。

「私はいつもベストな選択をしている」

この言葉を日々唱えていると、不思議と「あのとき、私はあの選択でよかったんだ」と思い返すようなシンクロニシティが起き始めます。

Lesson6　まとめ

二つ以上の矛盾する気持ちを認めてニッコリ(^^)

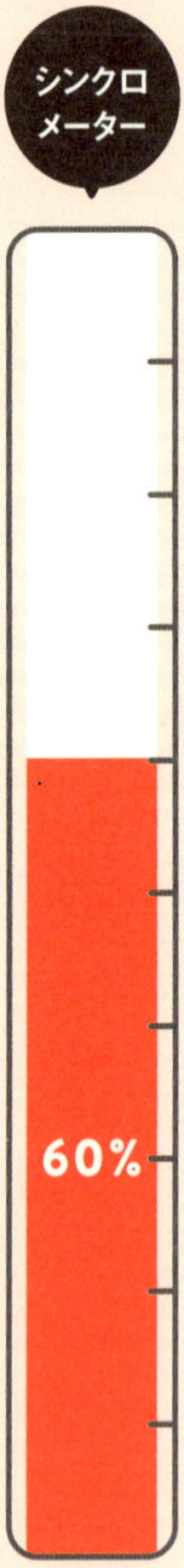

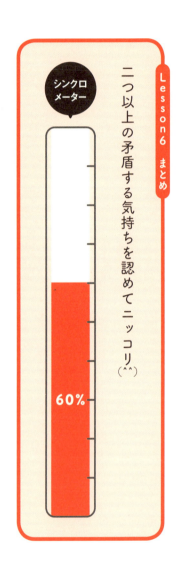

10秒スイッチで幸せになった人たち（実話です。）

仕事編

「自分は正しい」という思い込みを手放して上司を認めたことで信頼を回復して業績もぐんぐんアップ！

大企業の中間管理職をされている洋一さんという男性がいました。

職場の人間関係に悩んでご相談にいらしたのです。会社で自分は認められていない、という被害者意識がとても強く、ネガティブ思考の方でした。部下がついてこない、上司からも疎《うと》まれている、自分だけ標的にされていると悩んでいました。

職場の人間関係に悩んでいる人はたくさんいらっしゃるでしょう。そのために部署の異動届を出したり、転職を考えたりする人も多いと思います。

結論からいうと、人間関係は、環境を変えることよりまず、自分の意識を変えるこ

とが先です。あなたの中の根本的な問題が解決されないまま転職しても、また似たようなことで悩む可能性があるからです。職場にはさまざまな考え方をもった人がいます。自分の考えだけでなく、他の人の考えを理解し、協力して業務を遂行することはどこの会社でも同じです。

私は、1カ月半に1度、洋一さんにコンサルをしてアドバイスをしていました。つらい状況なのはわかるのですが、「他者から自分を認めてほしい」となっているうちは、結局認められることはないということはこのケースでも変わりありません。ただ、被害者意識が強く、洋一さんは自分を認めることが一向にできないでいました。

秋にはさらに人間関係が悪化して、新しい部署に異動になりました。そこはこれまでの業務経験だけではちんぷんかんぷんで、わからないことだらけ。前からいる人に聞いても「自分で考えろ」と言われ、部下にも指示ができず、「もう死んだほうがマシ」とまで言い始めたのです。

一連の話の中で、以前から特に理不尽だなと思えるようなひどいことを言ったり、してくる上司が一人いるのに気がつきました。洋一さんもその人に対して憎しみが強いことが発言から感じられたので、私はその人との関係に鍵があると思いました。

よくよく聞いてみると、過去にその上司との間でトラブルがあり、彼にも至らないところがあったことがわかりました。「そこを洋一さんが認めたらずっと楽になる」と私は思ったのですが、洋一さんは、「理屈ではわかるけれど気持ちが追いつかない。それを認めたら完全に負けた気がして、想像しただけで悔しい」と認めることができませんでした。

私は、**「焦らなくていいので、自分の至らなさを認めて、あいつは間違っている。自分は正しいという気持ちを手放してください」**とお伝えしました。

そして、自分の中に溜《た》まったすべての感情をノートに全部書き出すようにお願いしました。その年の11月末のことでした。

それから約3週間。洋一さんは毎日自分の中の感情を書き続けたのですが、不満しか出てこなかったそうです。ちなみに、**ノートに自分の本音を言語化して書きだすことは自己受容になり、10秒スイッチと同じような効果があります。**

「これ以上もう書き出すことがない」と言い切れるくらい、不満を出し切った冬至の朝のことです。目覚めたときに、私はハッと気づきました。
「世界は自分の味方だ」と。

この瞬間、洋一さんの意識が変容したのです。

出勤したら会社の見え方も一変して、すごく憎んでいた上司に対しても、「この人は自分の味方だ」と心から思えたそうです。そこからコミュニケーションが劇的に変わり、仲間に対しても素直に教えを請うたり、お礼を言ったりできるようになったそうです。以来、彼は1カ月足らずでチームリーダーに出世。ぐんと業績を伸ばして、いまは社長賞を取るという話までになって大活躍しています。

洋一さんがしたことは、ただひとつ、自分の悩んでいる気持ちをそのまま認めただけ。それだけで変わったのです。

私は彼をそばで見ていて、意識のパワーに圧倒される思いでした。年々関係がこじれて、自分もひねくれて、周りのこともひねくれて見えてしまって、素直になれなかった。その絡まった糸が、意識が変わったことでゆるゆるとほどけ、自然とまたコミュニケーションの流れができたのだと思います。

Lesson 7

本当はどうしたいの？

大きなシンクロスイッチは
「絶対に認めたくないこと」の
奥にある

今日もまた怒られた…
10秒スイッチしてるけどサインが来ない…
やりたいことを見つけたい気持ち…OK
見つけられなくて悩む私…OK
…
私は何が向いてるんだろ？
私、誰の役に立ってるんだろ…
仕事辞めたい！でも辞めたら地球で生活できない！
ああ
シンクロ星にも戻れない！
おまえには国は継がせられない!!
やりたいことを探せ!!
それが分かんないんだよな…
ペロ
お姉ちゃん大丈夫？

あ…
なんだかとっても辛そう
大丈夫！
ありがとう！
よし！お姉さんと遊ぼう！
やったー!!
アハハ
あ!!
会社に戻らなきゃ!!
仕事に戻るの嫌だな〜
じゃーねー
そんな気持ちもＯＫ…

サトユミ先生の事務所
来週じゃなかった？
サインが来なくて…
待てなくなりました…
ふふ…順調ね
え？
いよいよ本当の気持ちを感じるときね
何をしたいのか分からなくて苦しいです…
常識に縛られてどうしたらいいか分からない人多いのよ
だから自分を責めてしまう
そこにもOK出してるんですけど…
サインが来ないんです!!
本当はサイン来てるかもよ？
サインを見逃す人って多いのよ
でも気づいたことですごいシンクロを起こしたクライアントがいたの

本当は
ネイルサロン経営が
嫌なのでは？
嫌だからって
辞めたら
収入が…
クライアント
本当の気持ちを
大事にしてあげて…
他にやってみたいことが
あるのでは？
…じつはずっと日本画に
興味があるんです…
でも食べて
いけないし…
食べれるか
よりも
やりたいか
ですよ！
でも経営も
してるし…
習う
時間が…
宿題です！日本画教室
を探しておくこと!!
探すだけなら
すぐにできますよね!?

さすが和田アキ○先生!!
彼女も1カ月後には日本画を習い始めていたわ
はやっ!!
サトユミ様
サインがあったことに気づいてなかったのよ
サロンのすぐ近くにフレックス制の教室があったの!
それでサロンの空き時間に通えたってワケ
サロン
教室
シンクロリン!
しかも半年で新人賞を獲ったわ!!
わ!! すごい!
とても大きなシンクロリン!
今のシンクロちゃんと彼女、似てるわ
サインに気づくにはどうすれば?
思考は置いて嫌だって気持ちをそのまま認めてOKを出すの
会社が嫌!にOKしたつもりなんですけど…
すぐに思考が邪魔してない?
でも食べていけないとか
それだ!

嫌なんです
今の仕事
でも何をしていいのか…
ペロ…
「でも」で止めないで
止めるとスイッチのある心の奥へ行けない
本当に!!
嫌なんです!!
今の仕事!!
私っ…!!
本当は…!!
シンクロリン
ベビーシッターになりたい！
シンクロリン
泣いてる子を放っておけないんです!!
子供とはすぐ仲良くなれるんです…!!

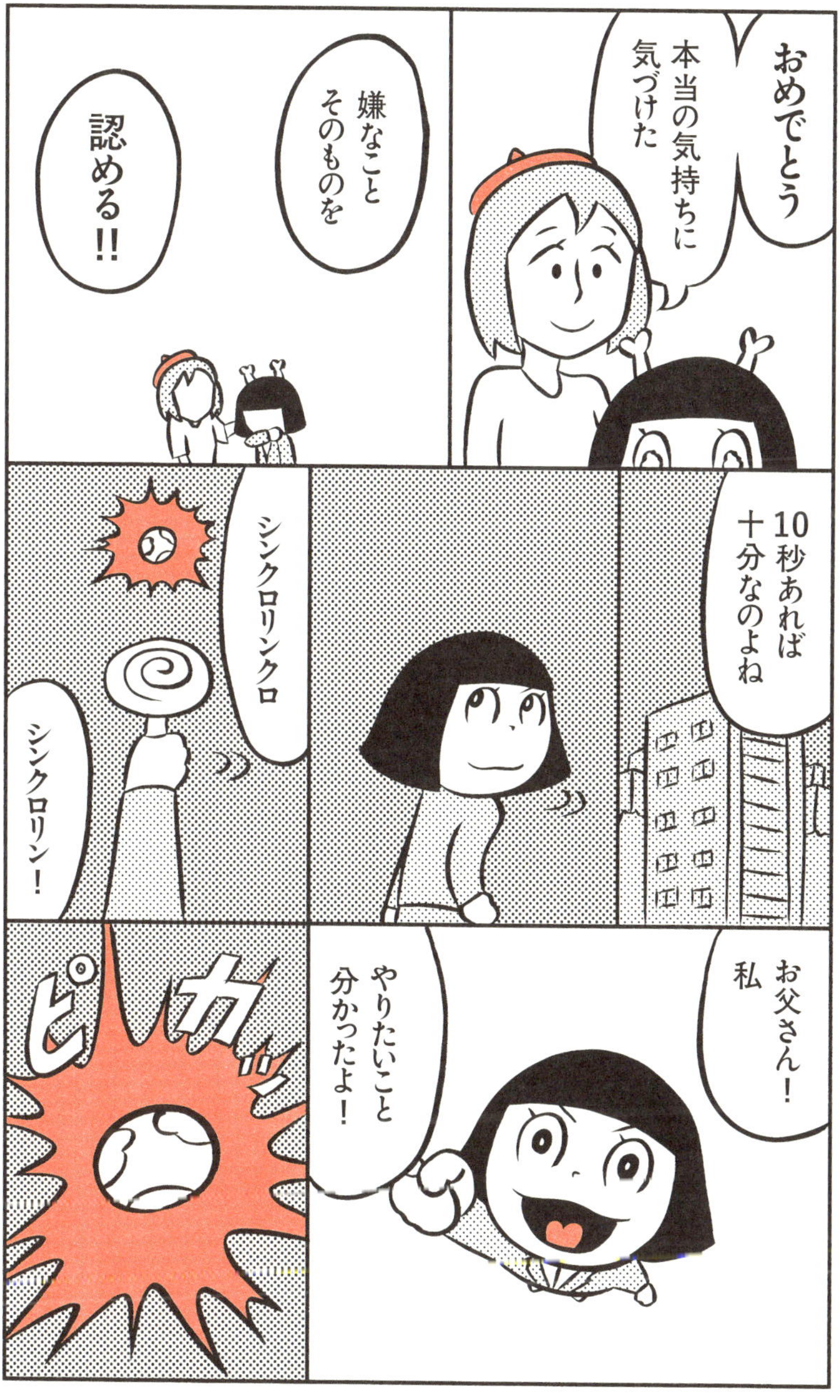
おめでとう
本当の気持ちに気づけた
嫌なことそのものを
認める!!
10秒あれば十分なのよね
シンクロリンクロ
シンクロリン!
お父さん!私
やりたいこと分かったよ!
ピカッ

サトユミ先生の解説

Lesson 7

本当はどうしたいの？

「本当はどうしたいのかわかりません」
「本当は何がしたいのかわかりません」

こういう方は意外に多いものです。また、表面上は「○○になりたい」と言いながらも、内面はモヤモヤしているという方もいます。

私自身も、法律家になるというニセモノの目標を掲げていたときは、モヤモヤしていました。

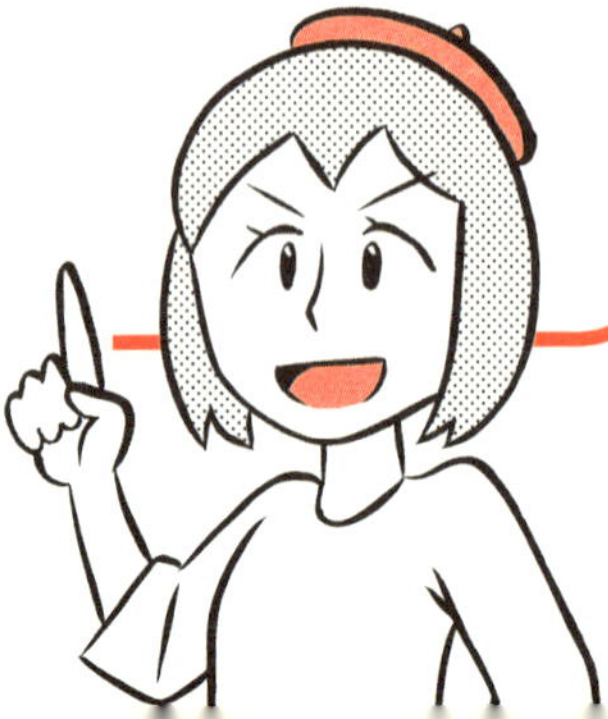

シンクロちゃんも、そんな悩みを抱えていました。自分にＯＫを出しても、「サインがこない!」とモヤモヤしていたのです。

でも、本当は、サインはちゃんとあったのです!!
気づいていなかっただけでした。

子供をあやすのが得意、子供を見るとニコニコしてしまう。それ自体は認識していたものの、「自分のやりたいこと」につなげることはしていませんでした。

嫌だと思っていることをそのまま認めきったときに、ようやくサインに気づけました。認めきると、体がフッとゆるむので、気づく余裕ができるのです。

リラックスタイムにいろいろなアイデアが浮かぶのも、思考を解き放ち、体がゆるんでいるからです。私が、本当は「文章を書きたい」と気づいたときもそうでした。その前からサインはあったのに、気づいていなかっただけでした。

「法律家になったら、何を専門にしたいの?」と聞かれても、全然イメージできませんでした。でも、法律家の視点で人間心理をエッセイにしているイメージはありました。

自分の考えを文章にして、世間に発表したいと思っていたのです。いまの私だったら、「それがサインだ!」と気づけますが、当時は気づけませんでした。

ロースクール時代に、予備校で小論文を教えていたのもサインでした。時給を度外視して文章の書き方を研究していましたし、体系化してオリジナルのテキストを作ることにも夢中になっていました。

また、情報サイトで「ロースクール生活をエッセイにして書くアルバイト」も3年間やっていました。これは本当に楽しく、毎回文章を工夫していました。これもサインですよね。

文章で自分の考えや感じたことを表現することが、本当にやりたいこと。

サインがこんなにあったのに、なぜ気づけなかったのでしょうか。

自分の本音を認めようとせず、「法律家になる」というニセモノの目標にしがみついていたからです。

本当は法律の勉強は楽しくもなく、将来も全くイメージできない。法廷になんて絶対に立ちたくない、嫌だ。そう本気で思っていたのです。

法律家が法廷に絶対に立ちたくないなんて、致命的ですよね（笑）

でも、「こんなに時間とお金をかけたのにもったいない」という思考や理性で、本音を封じ込めていたのです。だから、たくさんのサインに気づけなかったのです。卒業したときに、ようやく私は「法律家には向いていない」「法廷に立つのは嫌だ」ということを、心底認めました。

認めきったときに、フッと「文章を書きたい」という思いが湧《わ》き上がってきたのです。あの瞬間から人生が好転し始めました。ブログを書き始め、いまに至ります。

大きなシンクロスイッチは「絶対に認めたくないこと」の奥にあるケースがとても多いのです。それを認めた途端、本来望む方向へ大きく動き出していきます。

レッスン1から順番に10秒スイッチの学びを進めてきたあなたは、すでにその準備が整っています。

モヤモヤしているときは、あのキラーフレーズを思い出してみましょう！

「私はいつもベストな選択をしている」

自分への信頼が増していくと、すでにあなたの中にあるサインに気づけるようになります。

Lesson7 まとめ

自分の本当の気持ちに気づいてニッコリ(^^)

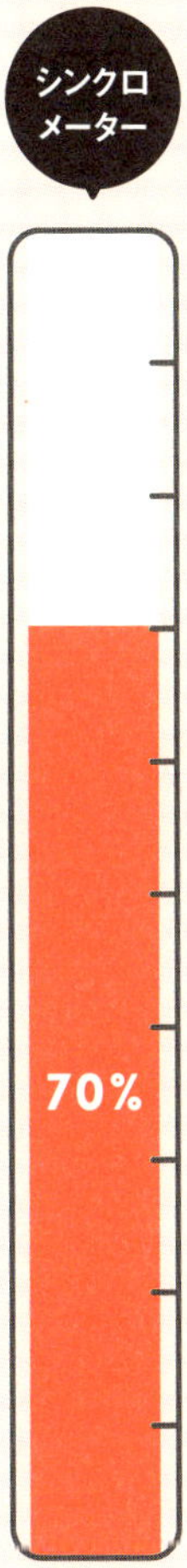

COLUMN

10秒スイッチで幸せになった人たち（実話です。）

ー子育て編ー

「変わった子」と言われていた自分にOKを出したら、ありのままの娘を受け入れられるようになった恵子さん

親子関係では、非常に顕著に自分に対する×を子供に投影しているケースがあります。小学3年生のお嬢さんがいらっしゃる恵子さんの実例で説明しましょう。

恵子さんは娘さんが学校で「変わっている子」と思われていることが嫌でたまらず、「ふつう」になってほしいと教育していました。

ところが、それは自分の幼い頃の投影が原因だったのです。

…

私はとにかく娘には優等生の「ふつう」の女の子に育ってほしいと思っていま

…

した。「世間向きのいい子でいなければいけない」という思いも強かったと思います。

私自身、子供の頃「変わっている子」と言われていじめられた経験がありました。でもそのことを母親には隠し通していました(母親には自分は「人気者でいい子」と思っていてほしかったからです)。「変わっている」と後ろ指をさされていることは封印して、みんなとうまくやっている自分を演じていました。

そして「なぜ自分は変わっているのか」と心の中でずっと悩み続けたまま、大人になりました。私にとって「変わっていること」は、大人になったいまでも×であり、許せないことだったのです。

「血は争えない」と言いますが、娘もどちらかというと個性の強いタイプ。学校でも「変わっている子」と先生から言われるほどでした。私からしてみたら、それは許しがたい、恥ずかしいこと。「変わった子の親」と言われたくなくて、学校に行く用事があるとコソコソしていました。

この状況は、恵子さんもお嬢さんもたいへん苦しいと思います。

結局は恵子さんが子供の頃の「変わっている」自分に×を付けたままで、それをお嬢さんに投影していただけなのです。

そこに気づいてからの恵子さんの変貌《へんぼう》ぶりは見事でした。

10秒スイッチで、子供の頃「どうして自分は変わっているのか」と悩んでいた自分にOKを出していったのです。

サトユミ先生から教わった10秒スイッチで「学校に行きたくなかったら行かなくていいよ」「友達の中に無理に入っていかなくていいよ」と、当時無理をしていた自分を受け入れて、「そのままの自分でOK」と何度も繰り返しました。

しばらくすると、ふっと自分の心が解けて楽になった感覚がありました。それを境に、私自身、娘に対しても「勉強できなくてもOK」「この子らしくいてくれたらOK」と素直に思えるようになったのです。

すると、娘が激変！

勉強嫌いだったのに、自分で勉強の仕方を工夫して、学校に行く前やお昼休みのすきま時間をうまく使ってドリルをやったりしているのです。

恵子さんは、その姿にとても驚いたとおっしゃっていましたが、私は創意工夫が得意な本来のお嬢さんの姿に戻っただけなのだと思います。

その後、またご報告をいただきました。

「娘が今日通知表をもらってきたのですが、小学一年生から算数が苦手でCばかりだったのに、初めて算数がAでした！　もう感動です。まさかあの子がって思いです」

「早速、過去の小1の成績が悪かったときの通知表を見て落ち込む私に10秒スイッチをしました」

「算数だけではなく、全体的に成績が上がってました！」

お母さんが自分にOKを出したら子供が自然に変わるし、もともとの能力が自ら開花するのですよね。

お嬢さんが10秒スイッチをして自分にOKを出したわけではありません。母である恵子さんが自分にOKを出しただけで、二人の間に調和的なシンクロニシティが生ま

れたのです。

心の振り子のお話を前述しましたが、親は子供に対し、「言うべきか、言わざるべきか」。葛藤《かっとう》に苦しむことが多いのではないでしょうか。

子供にガミガミ言いたくない。だから、少し見守って言いたいことをがまん。でも結局がまんしきれなくてガーッと叱《しか》ってしまい、言ってしまった自分を責める……。

そのような悪循環がどうどう巡りをしていると、ネガティブな気持ちが強くなり、さらに「自分はダメな親だ」と責め続けるようになってしまうケースです。

心の振り子を止めるには、

「勉強させないと、落第したらみっともない。そう思うのね、OK」

「自分でやる気にならなければ自主性が育たない。そう思うのね、OK」

というふうに、揺れ動く双方の気持ちを言語化してOKを出してあげましょう。

恵子さんも、以前は感情に任せてお嬢さんにガミガミ言ってしまっていたそうです。

しかし、「そのままの娘でOK」と受容したいまは、一切なくなりました。

冷静に考えて、子供のときにいろいろな勉強をしたほうが選択肢を広げられ、生き抜く力がつく。だから、勉強はやったほうがいいと、心から思っているそうです。

Lesson 8

未来がうまくいくと信じられないとき

過去の自分に感謝し続けると
未来から閃《ひらめ》きが
やってくる

ベビーシッターのアルバイトで…
検索!!
ここは…シッター希望の人が登録できる…資格なしでもOK!?
よし!! ここに応募!!
カチ
カチ
明日面接!? 早いわね!!
ここです!
すぐにでも働きたくなって!!
ここ、富裕層専門の会社じゃない?
へ?
クライアントの中でお世話になってる方がいたわ
わ!!最初にこのサイトが気になってたんです!!
すごい!やっぱり本当の気持ちに沿ったものはトントン拍子ね!!
そのうち会社辞めて専業もありえるかも!!
シンクロリーン♪

翌朝
09:20
うわあああああ!!
10時に間に合わないー!!
○△駅
発車します
プシュー
そんな!!
ペロ
ペロ
せっかくここまで順調だったのに…
本当に困ったときはメールして!
ハッ
寝坊しました! もうダメです!

何言ってるの!!
自分を裏切るな!!
ど、どうすればいいですか!?
今までの復習よッ!!
もうダメだ！と焦ってる自分にOK！
シンクロリン
レッスン1!
時間がないのに着替えた自分、OK！
シンクロリン
ベビーシッターになりたいと面接に行こうとする自分、OK！
レッスン3!
寝坊したのに面接のために起きた自分、OK！
レッスン2!
なんとか間に合わせたいと走る自分、OK！
ハッ

結果オーライにしたいと思ってる自分、ＯＫ！
レッスン4！
遅刻して自分を責めてる、ＯＫ！
レッスン5！
遅刻したくないという気持ち、ＯＫ！
間に合わないと諦めている気持ち、ＯＫ！
レッスン6！
やりたいことはベビーシッターと気づいた自分、
レッスン7！
ＯＫ!!
そしてそして…!!
過去のシンクロちゃんが今の自分にずっとＯＫを出してきたからこそ
登録所へ面接に行こうとしているいまがある!!

振り返ってみて！
過去のシンクロちゃんたちが皆応援してくれてる!!
過去の私！
がんばってくれてありがとう!!
シンクロリーン!!
ダッ

翌日の夜
間に合って
しかも合格！
おめでとう！
本当に過去の
自分たちが
応援して
くれている
気持ちに
なったんです
それが10秒
スイッチの
上級編なのよ
―10秒スイッチ上級編―
未来を
信じられないときは
過去の自分がOKを
出してきてくれた
おかげで今があると
気づくチャンスなの
気づけたら感謝と
大丈夫だよってことを
伝えてあげるの
そしたら
過去の自分たち
から応援して
もらえるわ
今
どうすれば
いいんだ
今
OK!!
過
過
ありがとう!!
そうだ!!
がんばれ!!
今
過
過
感謝

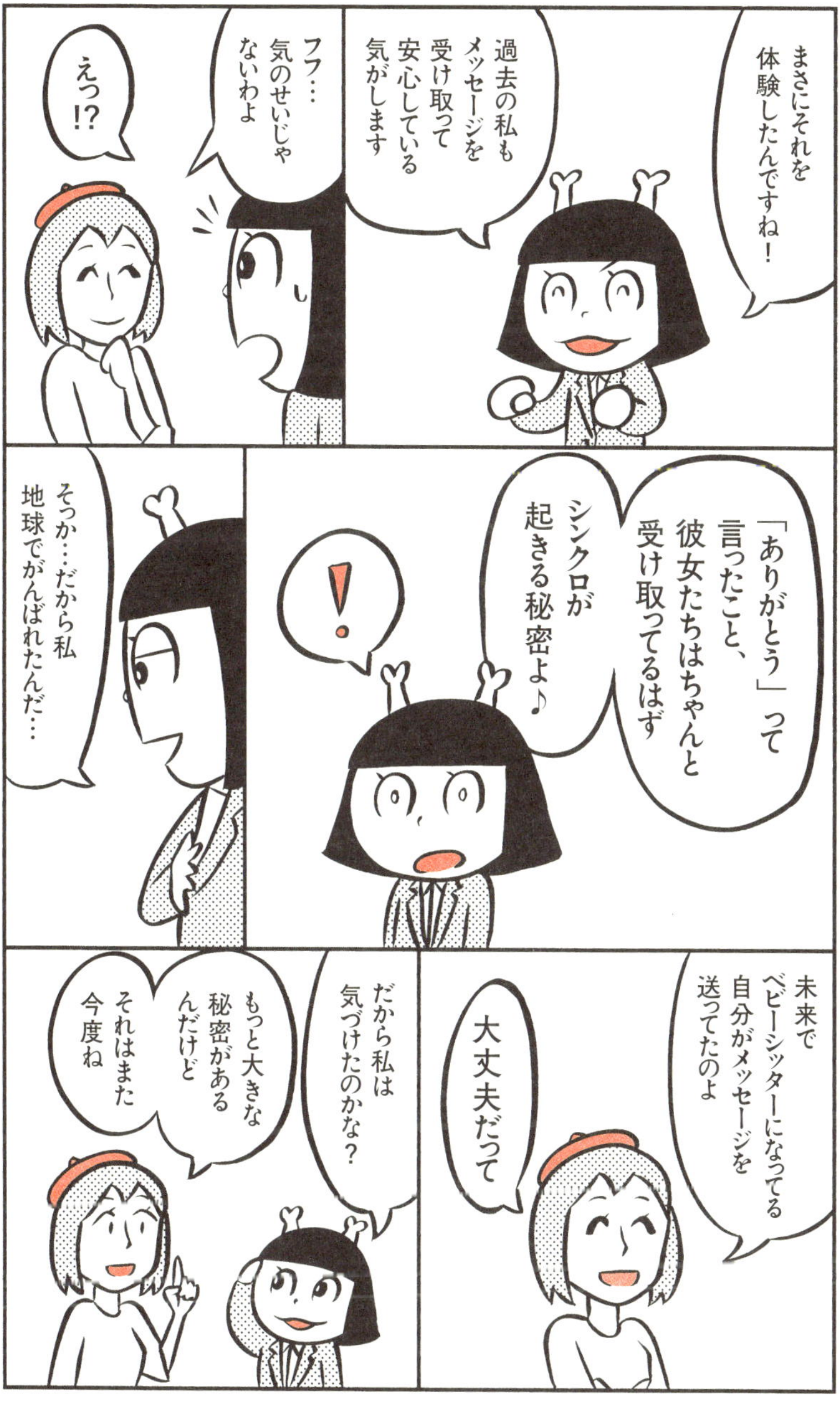

まさにそれを体験したんですね！
過去の私もメッセージを受け取って安心している気がします
フフ…気のせいじゃないわよ
えっ!?
「ありがとう」って言ったこと、彼女たちはちゃんと受け取ってるはず
シンクロが起きる秘密よ♪
！
そっか…だから私地球でがんばれたんだ…
未来でベビーシッターになってる自分がメッセージを送ってたのよ
大丈夫だって
だから私は気づけたのかな？
もっと大きな秘密があるんだけど
それはまた今度ね

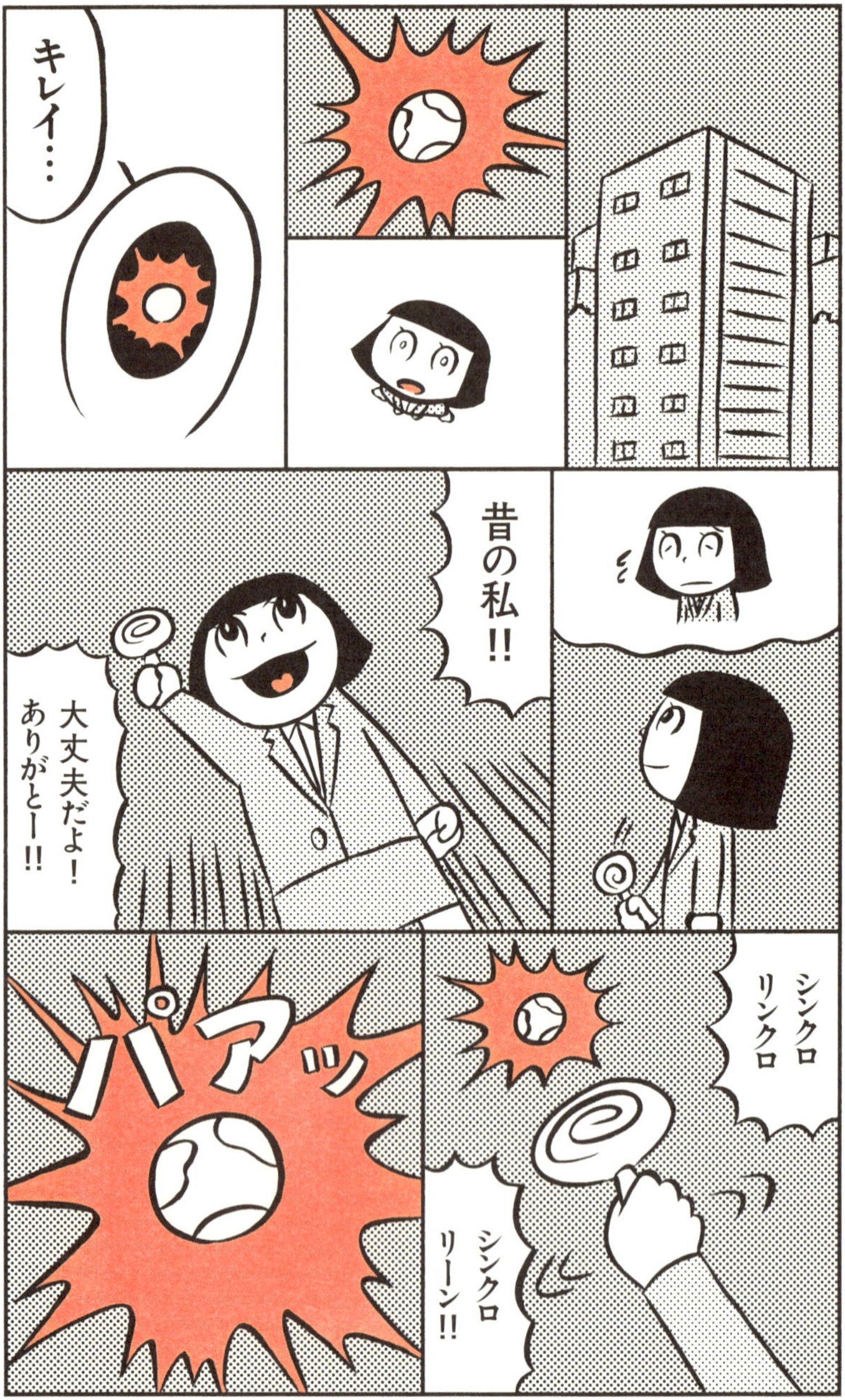
キレイ…
昔の私!!
大丈夫だよ！
ありがとー!!
シンクロ
リンクロ
パアッ
シンクロ
リーン!!

サトユミ先生の解説

Lesson 8
未来がうまくいくと信じられないとき

「私、本当にうまくいくんでしょうか？」


マンガの冒頭で登場した受講生さんのセリフです。

このセリフ、実は過去の私が何度も心の中で呟《つぶや》いてきたことなのです。

未来がうまくいくことを、どうしても信じることができなかった私が、いまでは別人のように「未来は創造していくもの」と確信できています。

未来を信じられずに自分にダメ出しし続けてきた私が、シンクロニシティが起きる体質になった直接の理由。

レッスン8では、その秘密をお話しします。

未来がうまくいくことを信じられないのは、自分を信じられていないからです。自分にOKを出していないからとも言えます。

えっ？
シンクロちゃん、いままで10秒スイッチでOKを出してきたはずでは？？

レッスン7までは、「いま」にOKを出してきましたが、レッスン8では、**「現在か**

ら過去にOKを出すこと」がポイントになります。

昨日の自分より、ほんの少しでも前に進めている自分の成長を認めてOKを出すのです。多くの方が自分に厳しく、少しでも前に進めていることを認めていません。少しでも進んでいる自分を認められるということは、現在から過去までの時間の幅を、俯瞰《ふかん》できているからといえます。

シンクロちゃんが、ベビーシッターの登録所へ面接に行くことになったのは、「ベビーシッターになりたい！」と本当の気持ちに気づけた過去のシンクロちゃんのおかげです。

本当の気持ちに気づけたのは、レッスン1からずっと自分にOKを出し続けてきた過去のシンクロちゃんのおかげです。

イケメンが好きだ！　とOKを出し、さまざまな困難にも向き合ってきた過去のシンクロちゃんがいたからこそ、面接の日を迎えられたのです。

それは当たり前のことではないのです。

私はこのことに気づいてから、シンクロニシティが山ほど起きるようになりました。

これまでのレッスンで、私が自分の本音に気づき、ブログを書くことを決めたというお話をしてきましたよね。

２００７年３月末のことです。

はい、ここからいよいよ

「シンクロ体質になる奥義」を

お伝えします！！

準備はいいですか！？

私は「ブログを書くと決めた2007年3月末の自分」に向かって、ブログの進捗《しんちょく》を報告し始めました。3月末の翌日から、約半年間、毎日です！

1日に何度も報告しました。

「今日、ブログのタイトルを決めたよ。あなたがブログを書くと決めてくれたからだよ。おかげでちゃんと前に進んでいるよ！ 安心して！」

「今日、記事を初めてアップしたよ。あなたがブログを書くと決めてくれたから進んでいるよ。あのとき決めてくれてありがとう！」

「今日、初めてコメントがついたよ。見てくれている人がいるよ。あなたがブログを書くと決めてくれたからだよ。進んでいるからだいじょうぶ。ありがとう！」

こんなふうに、ちょっとでも進むたびに心の中で報告していました。

未来がどうなるか見えず不安な過去の自分を、少しでも安心させたかったのです。

3カ月くらい経《た》った頃でしょうか。不思議な感覚に気づきました。

あんなに未来が不安だったのに、「きっとだいじょうぶ」という安心感があるのです。

直感が冴え、ものごとのタイミングがよくなってきました。

「あ、あれやってみよう」と閃《ひらめ》き、やってみたことが、後になって「やってよかった!」と、それを選択した自分に感謝したくなることが増えてきたのです。

「あ、あれやってみよう」と閃き、やってみたことが、後になって「やってよかった!」と、それを選択した自分に感謝したくなることが増えてきたのです。

重要なことなので、2回書きました(笑)

何か気づきましたか?

過去の自分に「あなたがブログを書くと決めてくれたからだよ。ありがとう！」と報告すると、「あのとき、あなたが決めてくれたからだよ、ありがとう！」と言いたくなることが増えていったのです！

つまり、過去の自分に感謝し「ありがとう」と伝えていると未来から閃きがきて、その閃きを行動に移すと、まさに過去の自分に感謝することが増えていくのです！！

「いま」の自分は、過去の自分から応援されていた、とも言えます。

このあたりの詳しい理論は、『うまくいきそうでいかない理由』（フォレスト出版）で説明しています。

脚本を習い始めたら、数カ月後に、この本が漫画形式になったのも、まさしくそうです。

実は閃きを行動に移し、脚本を習うと決めた自分に「あの時、脚本を習うと決めてくれてありがとう！　おかげで役に立っているよ」と報告し続けていたのです。

養成講座の方に「この選択が、未来でどうなるのか、実験で10秒スイッチをします

!」と宣言していました。数カ月後、この本を急きょ漫画形式にして脚本を書こうと閃きました。

まさか、こんなに早く役に立つとは思いませんでした。

未来は10秒スイッチで創造できるのです!!!

レッスン7まで「いま」にOKを出してきたからこそ、レッスン8の内容は劇的に効きます。

ちなみに、過去の嫌な思い出に対しても使えます。

「あの時、あの体験をしてくれて本当にありがとう。あれがあったから、私は違う選択肢をとれるようになったよ」

「あの時、あの体験をしてくれてありがとう。あの時はつらいとしか思えなかったけれども、未来では思いがけないリソースに転換していくよ」

いまはまだ「つらい過去」としか思えなくても、こういうメッセージをずっと伝えていると、どういうわけか、まさにそう言いたくなる現実がつくられていきます。

あなたは、どの過去の自分に「ありがとう」を伝えますか？

Lesson8 まとめ

過去の自分から応援されていたと気づきニッコリ(^^)

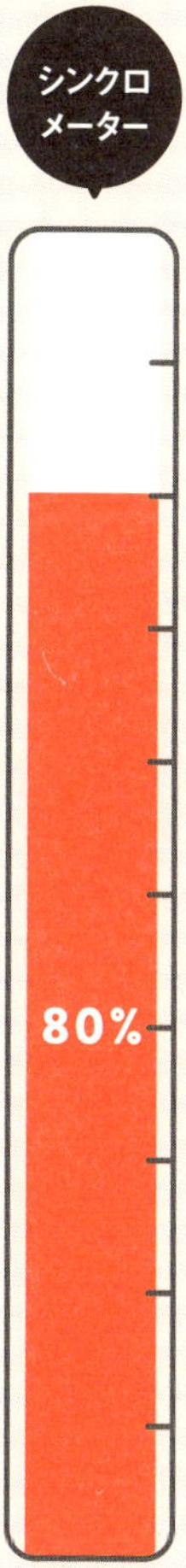

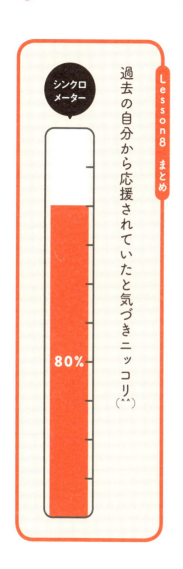

COLUMN

10秒スイッチで幸せになった人たち（実話です。）

転職編

いまの自分にトコトンOKを出して、49歳にして3度目のチャレンジで理想の企業に転職！

私の2冊目の著作『うまくいきそうでいかない理由』を読んでくださった圭司さんという男性がいました。自分にひたすらOKを出すことで、2度トライして不採用だった会社に、3度目のチャレンジをする勇気が湧《わ》き、転職を見事成功させたとご報告くださりました。

圭司さんは当時49歳。アルバイトをされていて、正社員になりたくて転職先を探していました。アルバイト生活では経済的にも苦しく、先行きの不安が募っていた頃に、私の本に出会ったそうです。

圭司さんには「ここで働きたい」と強く希望する会社がありました。

これまで2度も採用試験にトライしていたのですが、いずれもNG。会社の募集した年齢制限がそもそも40歳だったとのことで、ふつうならやっぱり無理だと諦《あきら》めてしまうところだと思います。そんなとき10秒スイッチを知って、いま現在の自分にOKを出し続けていたら、3度目の挑戦をする気持ちになったそうです。

その会社は3次試験まである会社だったのですが、3度目の挑戦で初めて書類が通り、3次試験の社長面接まで進んだのです。

実は社長面接の前夜、「この仕事の本質は何だと思う?」と抽象度の高い質問を投げかけられて、答えられなかった夢を見ました。

翌日、面接に向かう道すがら、「この仕事の本質は何だ?」という質問の答えを自分なりに考えて答えが導き出せたところ、なんと、社長から全く同じ質問をされたのです!

結果、スラスラと質問に答えられ、ほぼ即決で採用が決まりました。

これは非常に奇跡的なシンクロニシティが起こったレアケースです。

圭司さんに奇跡が起こった理由は、結果を出すことに意識を向けるよりも、圭司さんがこれまでの自分の人生含め、自分が経験してきたことに片っ端からOKを出してきた結果です。

私のコンサルや講座を受ける余裕はなかったとおっしゃっていましたが、『うまくいきそうでいかない理由』の本の付録CDを擦り切れるほど聴いてくださり、理解を深めていったそうです。

私はその報告をいただいたとき、我が事のように感動しました。

ちなみに、**睡眠中の夢は、潜在意識からのメッセージであるといわれます。**

圭司さんの夢ほど具体性があることは珍しいと思いますが、自分の内面と本気で向き合って10秒スイッチをしていたから、潜在意識から未来のメッセージがやってきたのです。10秒スイッチを続けることで、圭司さんのように潜在意識からのメッセージを受け取ることができます。

潜在意識のメッセージは、今回のように夢で見る場合もありますし、フッと湧いてきた直感の場合もあります。

Lesson 9

相手に不満があるとき

自分にOKを出せば
結果的に
相手も変わっていく

保育士資格取得のための勉強…!!
受かったらベビーシッターの仕事の幅が広がる!
おまえにこの部屋をプレゼントする
会社辞めてシッターの仕事ができる!!
!
シンクロリン!
今の家賃が高いから会社を辞められないと思ってたのか…

家賃半額のとこへ引越し!? すごい行動力!!
すぐにシッターの仕事始めたくて!
ただ、一つ悩みが…
ではお部屋をご案内します
顔で判断しない私、OK!!
こちらは西日のお部屋になります
西日!?
西日は部屋のエネルギーが腐ります!!
部屋のエネルギーって腐るんだ～!!
私の夢を叶えていく場所ですから!!
アハハ

そっか、西日はダメと思ってる私にOKだ！
ハッ
テロン♪
シンクロリーン♪
！
同じ階の東向きの部屋が空いたそうです！
東日は仕事運いいって書いてました！
どんどんシンクロが起きるわね!!
翌日
君の担当の一部を他の部署に回すことになった

ねぇ
あなたの仕事が回ってきたんだけど…
何でやらないの？
…会議で決定したそうです
あなたが怠ってたからじゃないの？
違います！
ムッ
イラッ
私は間違ってないのに～～!!
イラッ

なるほどね〜
冷静に対応してエラい！とOKしましたけど
モヤモヤが晴れないです…
う〜む
何でAさんそんなこと言ったのかしら？
そりゃ、仕事が増えるから…
Aさんが10秒スイッチをするとしたらどうするかしら？
…急に仕事が増えて理不尽と感じてる私、OK…かな？
レッスン1の内容ね
そっか！
相手をレッスン1から考えてなかった！
そう気づいたシンクロちゃんにOKよ！

じゃあAさんがレッスン2をするとしたら？
仕事が増えたのにあれもこれもやってエラい!!
レッスン3だと…
やりたくないけど会社で決まったことだしがんばろう…かな？
そっか！決まったからって当然みたいに言われたらムッとしちゃいますね！
大変ですねって一言かければよかったな
すごい！自分でレッスン9の内容に辿り着いちゃった!!
さすがね!!
私もOK、相手もOK 10秒でできますね！
いままで自分にたくさんOKを出してきたから気づけたのよ!!
今までOKを出してきた私、エラい!!
パチ
パチ

翌日
運んでいただいてありがとうございます！
あなたもおつかれさま
この人…
がんばってる!!
おつかれさまです！
引越し完了!!

ガラッ
そういや最近アメ舐めてないな…
シンクロリンクロシンクロリーン♪
みんな!!
おつかれさま!!

サトユミ先生の解説

Lesson 9 相手に不満があるとき

「勉強しない子供を自主的に勉強させたい」「育児をしない夫に育児協力をさせたい」「意地悪な上司の性格が変わればいいのに」……。

世の中の悩みのほとんどは、仕事でもプライベートでも、人間関係に関わっています。私へのご相談内容もダントツ上位です。

さてここで質問です。

なぜ、悩みランキング上位にある人間関係の悩みを、この本のほぼ最後である「レ

ッスン9」にもってきたのでしょうか？

それは……。

自分にOKを出せていれば、人をどうにかしようと思わなくなるからです。その余裕で、結果的に相手が変わることもあります。

自分に真にOKを出せていれば、人間関係の悩みに使っているエネルギーが減り、いまが心地よくなります。シンクロニシティも日常的にバンバン起きます。

レッスン8までしっかり実践していれば、レッスン9はいらないのです。

あれ、終わっちゃいました（笑）

でもせっかくですので、復習も兼ねて重要なポイントをお話ししたいと思います。

ひとつ目は**「どんな自分にもOKを出す」**です。

そもそも、相手を変えたいと思っていても、思いどおりになることのほうが少ないです。例えば、タバコが大好きな夫に、「体が心配だから禁煙して」と言ったところで簡単にはやめてくれないことのほうが多かったりしませんか？

本人が、何らかのきっかけで自分がタバコを止める必然性を感じない限り、やめることはできなかったりします。

相手を思いどおりにしようとすると、「なぜそうなるの？」「どうしてやらないの？」「理解できない」「私が正しい」という気持ちになります。

共通点は「わかってほしいのに、わかってくれない」という不満です。

でも、「わかってほしいのに、わかってくれない」という不満は、自分を認めてほしいということの裏返しなのです。

ということは……自分がどんな自分にもOKを出せればラクになります。そうすれば余裕ができるので、「相手を思いどおりにしたい」ではなく、相手を活かす視点を持てるようになるのです。

2つ目は**「頑張りすぎている自分を受容する」**です。

「なんでそんなこともできないの」と子供にイライラ。

「帰りが遅い」と夫にムカムカ。

「なんで私にばっかり仕事頼むの」と上司にイライラ。

「会計が遅すぎる」とレジの人にムカムカ。

些細《ささい》なことでイライラする自分によけいにイライラしてみたり……。

こんなときは**「私、よくやってるね、OK」**と先に自分を受容すると、余裕ができます。

それでもモヤモヤしてしまう！　というときのために、キラーフレーズをご紹介します。

苦しいときは、この言葉を確認してみましょう。

「私もベスト、相手もベスト」

体がフッとゆるむと、たくさん素敵なシンクロニシティが生まれるようになるでしょう。

シンクロちゃんも、相手の立場で10秒スイッチをやってみたら、いつの間にか相手にOKを出せていましたよね。いままで自分に対して、レッスン8までやってきたからこそ、相手の立場で想像ができたのです。

自分の望みを現実化するチャンスの9割以上は「人とのつながり」でやってきます。だから、現実化を加速させるためには、人とのつながりが欠かせません。

人を信頼することが難しい、人に任せることができない人は、シンクロニシティは起こりにくいですし、範囲も狭くなります。

自分も相手も活かしあえるように、もう一度丁寧に、10秒スイッチで自分にOKを出してみましょう。その感覚で、相手の立場で10秒スイッチを想像してみるのです。

「私もベスト、相手もベスト」

Lesson8 まとめ

相手もベストだと気づいてニッコリ(^^)

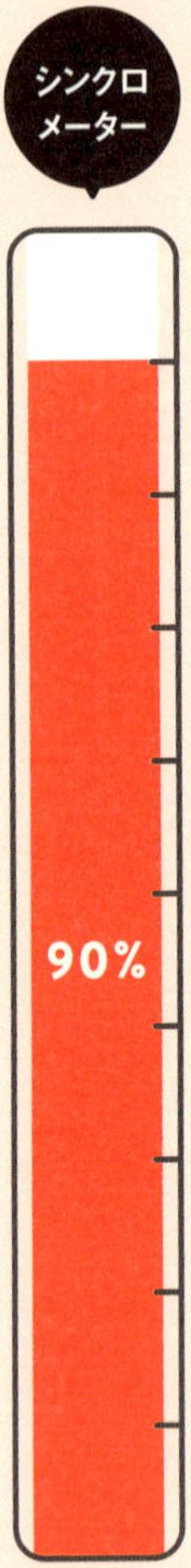

家族関係編

父にOKを出したら弟も夫も変わった

私のパートナーシップ講座に通われていた咲子さんという女性のお話です。

咲子さんの悩みは、「結婚して10年以上、旦那《だんな》さんと本音で話し合えていない」ということでした。

咲子さんにはお子さんがいますが、自営もされていて、忙しい毎日を送っていました。

旦那さんは「子供がいるんだから20時までに帰ってきて」と言うのですが、咲子さんはそのとおりにすることが苦痛でした。

価値観の異なる互いの主張が平行線をたどり、お互いに相手に対して諦めているようでした。また、旦那さんは会社でストレスを感じているように見えるけれども、何も話してくれないことにも不満がありました。

私の母は、私が20代のときに亡くなりました。父が遊んでばかりで、家に帰ってこない家庭だったので、苦労している母を見て「女は我慢しなければいけない」という思いを抱いていました。

私自身もいま、家庭で「女は我慢」を体験している気がします。

ところが、咲子さんがあることにOKを出して、急展開が起きました。

咲子さんへのコンサルの日の午前、お父さんががんで入院したばかりでした。末期がんで「余命数カ月」と宣告されていたそうです。

私は咲子さんのお話をお聞きして、「旦那さんへの不満の大本は、お父さんとお母さんの関係から植え付けられた要因が大きい」と感じました。

そこで、**「いま、旦那さんとの関係ではなく、お父さんとの関係を見直したほうが**

よい」「旦那さんはゲームのラスボスのような存在、その前にお父さんへの思い込みを外したほうがよい」とお伝えしました。

その言葉に、咲子さんはハッとするものがあったようでした。

私はさらに「お父さん、余命数カ月なんですよね。お父さんが生きている間に、お父さんに咲子さんが大きなＯＫを出すことが課題だと思います」とお伝えしました。

咲子さんは、昔はお父さんが好きでしたが、お母さんが苦労して亡くなったこともあり、お父さんには複雑な思いがありました。あんなに好き放題して、子供のことを見てくれなかった。そんな思いもありました。

でも、生きている間にお父さんにＯＫを出すということにピンときたようです。

「私、お父さんに体によい食材で料理をつくってあげたいです」

と、いろいろしてあげたいことを思いつきました。

その２日後に講座があったのですが、すでにその時点で変化がありました。

まず、お父さんとの距離が急速に縮まり、どういうわけか講座当日、旦那さんとの関係も変わったというのです。

おそらく、お父さんにＯＫを出せたことで、男性に対する捉え方が変わり、旦那さんに発する雰囲気が変わったからだと思います。

さらに変化は加速しました。

それから約1カ月後、お父さんとお母さんとの関係の見方が180度変わったそうです。

私は、母に対して「なぜお父さんと離婚しないのだろう。お金を入れてくれないのだから、結婚し続ける意味がない」とずっと思っていました。

その疑問を、ある日、父にぶつけたところ、意外な答えが返ってきたのです。

「離婚なんてするわけないよ。お母さんはお父さんにぞっこん惚《ほ》れていたんだから。お母さん、可愛《かわい》かったな……」

この言葉を聞いてビックリしたのは私です。

母が実は幸せだったということに気づいたのです。

そして聞けば聞くほど、娘である私が知らなかった「父と母の間にある深い絆」に気づかされたのです。

母には苦労もあったけれども、父と愛し愛されていた。

父と一緒にいられるのは母だけだったと見方が変わりました。

お母さんにもOKを出し、お父さんにもOKを出せた瞬間でした。


すると、奇跡が起きました。

引きこもり状態だった弟さんが、急にお父さんに会いにいき、お父さんに感謝の気持ちを伝えたそうです。いままでの関係性からは到底考えられない言動に、咲子さんもお父さんもビックリしました。

おそらく、咲子さんがお母さんとお父さんにOKを出すことで、そこから誕生した命、つまり弟さんにもOKを出せたのだと思います。

それから数日後。お父さんの容体は急変し、亡くなられました。

その日はなんと、お母さんの誕生日だったそうです！

さらに亡くなった時間は、お母さんが亡くなった時間とピッタリ同じだったそうです。

まるでお母さんが迎えにきてくれたかのようだ、と咲子さんは感じたそうです。

お母さんにOKを出し、お父さんにOKを出し、弟さんにもOKを出せたことで、

大きなシンクロニシティが起きたのです。

そして、咲子さんはいま、旦那さんとの関係が劇的に変わっている真っ最中だそうです。つい先日も「いつもありがとう。もう少ししたら二人で旅行に行こうか」と労いの言葉をかけてもらえたそうです。

自分と血がつながっている存在にＯＫを出すと、連鎖して、周囲の人との関係が変わっていくことを教えてくれる象徴的な事例です。

Lesson

10

一人で頑張ろうとしてしまうとき

究極の
シンクロスイッチは
あなたが「生まれた日」にある

……
来月は試験ね
はい！あと意外と仕事が楽しくなって…
最近仕事早いね
いい感じ！
実は最近すごいシンクロが起きたんです！
え!?なになに？
新しいアパートサトウコーポっていうんです！
サトユミ先生と同じ!!
そういうの引越し前に気づくものなのでは…？
へへ……

でもちょっとよくわからない不安があって
何？
あ、いや、すいませんなんでもないです！
……？
数日後
僕は北海道出身なんです
食べ物おいしいですよねー
シンクロちゃんは？
え!? えーっと…
シンクロちゃんって宇宙人っぽいよね
わかる！
…私いつシンクロ星に帰るんだろ？
救世主とか…私にできるの？
ペロ
ペロ

私、お父さんにホメられたことない…
なのに急に救世主？
何で私ばかりがんばる？
他の人は何もしないの？
あんな星帰りたくない！
子供たちを笑顔に…!!
…嫌だ！あんな星!!
また笑う星に…!!
タッ

急に
どうしたの？
私…
シンクロ星を
救えるんで
しょうか？
最近、光が
強くなってるわよ
でも自信が
ないんです
父にホメられた
こともないのに
急に…とか
この半年の私に
がんばってくれて
ありがとうって
OK出してる
んですけど…
レッスン8の
内容ね？
過去の自分が
応援してくれてる！
とは思っています！
その体験に
ヒントがあるわ
シンクロちゃんは
大きなチャレンジを
しようと
してるのよ！
プレッシャーで
潰れそうです
それは一人で
がんばろうと
してるからよ
えっ？

ずーっと過去にOKを出し続けていくとどこにたどりつくと思う？
OK！
えっ…と小さい頃かな？
過去
OK！
あ!!
赤ちゃんのとき？
そう！
生まれたときの自分にOKを出したら過去の自分が全員味方になってくれるわ
それが最後のスペシャルレッスンよ！
生まれたときの自分にOKを出すのがゴール？
実はね…
究極のシンクロスイッチがあるの!!

生まれた自分にOKを出すってことはね
ご先祖様全員にOKを出すことになるの
ご先祖様…
シンクロちゃんがいるのはお母さんとお父さんがいたから
そのお父さんにも両親がいて
誰が欠けてもシンクロちゃんはここにいない
だから生まれた自分にOKを出すことは
命をつないでくれたご先祖様全員にOKを出すことになる!
OK!
OK!

そ、
壮大です！
本当の秘密はここから！
OKを出すことでご先祖様全員から応援してもらえる！
いけ！
できる！
ついてるぞ
やれるよ
一人でがんばる必要はない！
がんばれ！
でも今の自分に×をつけていたらその応援を受け取れないのよ

だからレッスン1から
10秒スイッチを
やってきたんだ！
そーゆーこと！
グルグル悩んで
答えが出ないときの
10秒スイッチのやり方よ！
生まれた日に
「ありがとう」を
送らない？
シンクロちゃん、
誕生日はいつ？
19○△年
●月□日です！
私も一緒に
送るわ!!
生まれてくれて…
ありがとう!!

大丈夫だよ…
ありがとう
きっと
よくなる!!
!?
感じる…
みんなの
応援を!!

わ!?
ガシャーン
ガッ
……!?
シンクロ…ちゃん?

サトユミ先生の解説

Lesson 10
一人で頑張ろうとしてしまうとき

さあ、いよいよ最後のレッスンになりましたね。

この10秒スイッチをマスターすると、カンのよい方なら人生がどんどんうまくいくようになります。

それほど無限大の可能性を秘めています。

なぜなら、最強の味方が常にあなたと共にいてくれたこと、そしてこれから先も共にいてくれることに気づけるようになるからです。

これを真に理解できたならば、あなたはもう一人で頑張らなくてよいのです！

何もしなくてもよいということではなく「私は最強の味方と共にいる」という感覚が、絶対的な安心感をもたらし、自分の可能性を信じ、勇気を出して行動できるようになります。

あなたには、やってみたいけれども、ちょっと無理だな、難しいなと思っていることはありますか？

もし、「あなたなら絶対にできるよ！」「協力するから一緒にやってみようよ！」という味方が5人集まったらどうでしょう？　ちょっと勇気が出ませんか？

それがもし10人になり、20人になり……100人になったらどうでしょうか？

やるしかない！！！

私ならそう思います（笑）

ご先祖様の応援の力を活かせば可能です。

ご先祖様は、私たちを常に応援してくれていると私は思っています。

でも、自分にOKを出せていないと、この応援を十分に受け取れないのです。

例えばあなたが80歳くらいのお爺《じい》ちゃんお婆《ばあ》ちゃんだとします。

孫もいて、可愛くてしかたありません。いつも応援したいし、存在してくれるだけでうれしいと思っています。

でも、その孫が
「生きていても仕方ない」
「自分なんて価値がない」と
イジけていたらどうでしょうか。

「そんなことない！　あなたが元気でいてくれるだけでうれしいんだよ」と、あなたがどれだけ言っても、聞く耳をもたないとしたら……。

せっかく自分の命をつないで孫が生まれたのに、悲しくなりますよね。

「いま」の自分に×をつけるということは、遡《さかのぼ》っていくと、自分に命をつないでくれたご先祖様にも×をつけていることになります。

逆に、生まれてきた自分にＯＫを出すということは、命をつないでくれたご先祖様たち全員にＯＫを出すことになるのです！！！

あなたが存在していることは、本当はものすごく奇跡的なことなのです。

「自分は素晴らしい存在だ」と自分にＯＫを出すことで、ものすごい数のご先祖様たちからの応援が、あなたに流れ込んできます。

あなたはご先祖様たちの最先端にいる存在だからです。

レッスン8で、過去の自分にＯＫを出すと、過去の自分に応援されることを学びましたよね。その時間軸を最大限に延ばすと、ご先祖様との関係も同じように考えることができるのです。

レッスン9では、相手にOKを出すと相手との関係が変わることを学びましたよね。その範囲を最大限に広げると、ご先祖様との関係でも同じように考えることができるのです。

時間軸の長さ×人数＝シンクロニシティが起きる大きさ。最強です！！！

想像すると、一人で頑張ろうとしていた気持ちがフッとゆるみませんか？

自分が空間に溶け込み、世界と一体化する感覚になる方もいるかもしれません。

私は昨年、ご先祖様からの応援を実感する不思議な体験をしました。

昨年の7月、20年ぶりくらいに、父方の祖父の墓参りのために岩手県に行きました。残った親族全員が顔を合わせることは最後だろうということで集まったのです。

そのとき、いままで知らなかった祖父の話を聞きました。

祖父は小学生のとき、ある家の養子になりましたが、その家に子供が生まれて大事にされなくなったそうです。

中学2年のとき、自殺しようと思い、列車にひかれようと枕木《まくらぎ》に頭を載せて待っていたのですが、なぜかその日だけ列車は来なかったというのです。

命拾いをした祖父は、必死に勉強して教師になり、20代で樺太《からふと》の学校に校長として赴任します。そこで祖母と出会い、父が生まれました。

やがて日本は敗戦し、父が小1のとき、樺太から引き揚げることとなります。ところが、船で引き揚げる途中、目の前の船が沈んでいったそうです。

再び命拾いした祖父は、岩手県内の学校1000校以上に、「百福」の掛け軸を送り続けたそうです。100種の福の字をすべて自分で書き、1000校以上……。

私の想像ですが、祖父は助かった命を、子供の幸福を祈るために使いたかったのではないでしょうか。

私は、昨年から10秒スイッチを教育に活かそうと思い立ったのですが、祖父の応援があったからかもしれないと感じました。

この応援は、次の出会いを急がせました。

3カ月後、私は和歌山で講演会をしたときに、福田典子さんという方に出会いました。福田さんは、チベットのザ・チョジェ・リンポチェ様という高僧の専属通訳をされている方です。

懇親会の席で、福田さんはこう言いました。

「私の母、樺太から引き揚げたとき、目の前の船が沈んだとよく話し

ていたのよ」

これは父から聞いた私の祖父の話と全く同じでした。

祖父が書き続けた百福の字が入る福田さんとの出会いに私はシンクロニシティを感じました。

聞くと、福田さんは私と同じ札幌出身で、御実家の住所は、私が一人暮らししていた住所の近くでした！

さらに、私が今住んでいる東京の住所の近くに、かつて福田さんも住んでいたというのです。

さらに（笑）、この本を編集してくださった担当者さんは、福田さんとリンポチェ様の本を担当されていました。

こんな偶然、あるのでしょうか？

私は、ご先祖様たちの応援が入った出会いとしか思えませんでした。

その後、福田さんとはさらに色々な展開が続いています。

命の川が連綿と繋がれて人が出会い、生かしあう奇跡に想いを馳せずにはいられません。

こんな風に、あなたの人生は、応援してくれるご先祖様達と共に創造していけば、とてつもないシンクロニシティが起きるのです！

もし今後、あなたの人生に困難なことが起きたときは、たくさんのご先祖様たちを想い、この言葉を唱えてみてください。

「私の命につながる全ての存在たち、ありがとうございます」

あなたの本質が輝きあい、響きあい、活かしあい、生かしあい、分かちあえるシンクロニシティが起こり始めます。

いよいよ10秒スイッチのレッスンは終了です。お疲れさまでした！
最後に全体像を図にしてみました。

①いまの自分にＯＫを出すことは
②生まれた時の自分にＯＫを出すことであり
③命を繋いでくれたご先祖様たちにＯＫを出すことになる
④すると、ご先祖様たちからの応援を受け取ることができ、未来の可能性が広がる。

大きなシンクロニシティを起こす
はじめの一歩は、
「いまの自分にＯＫを出す」です。

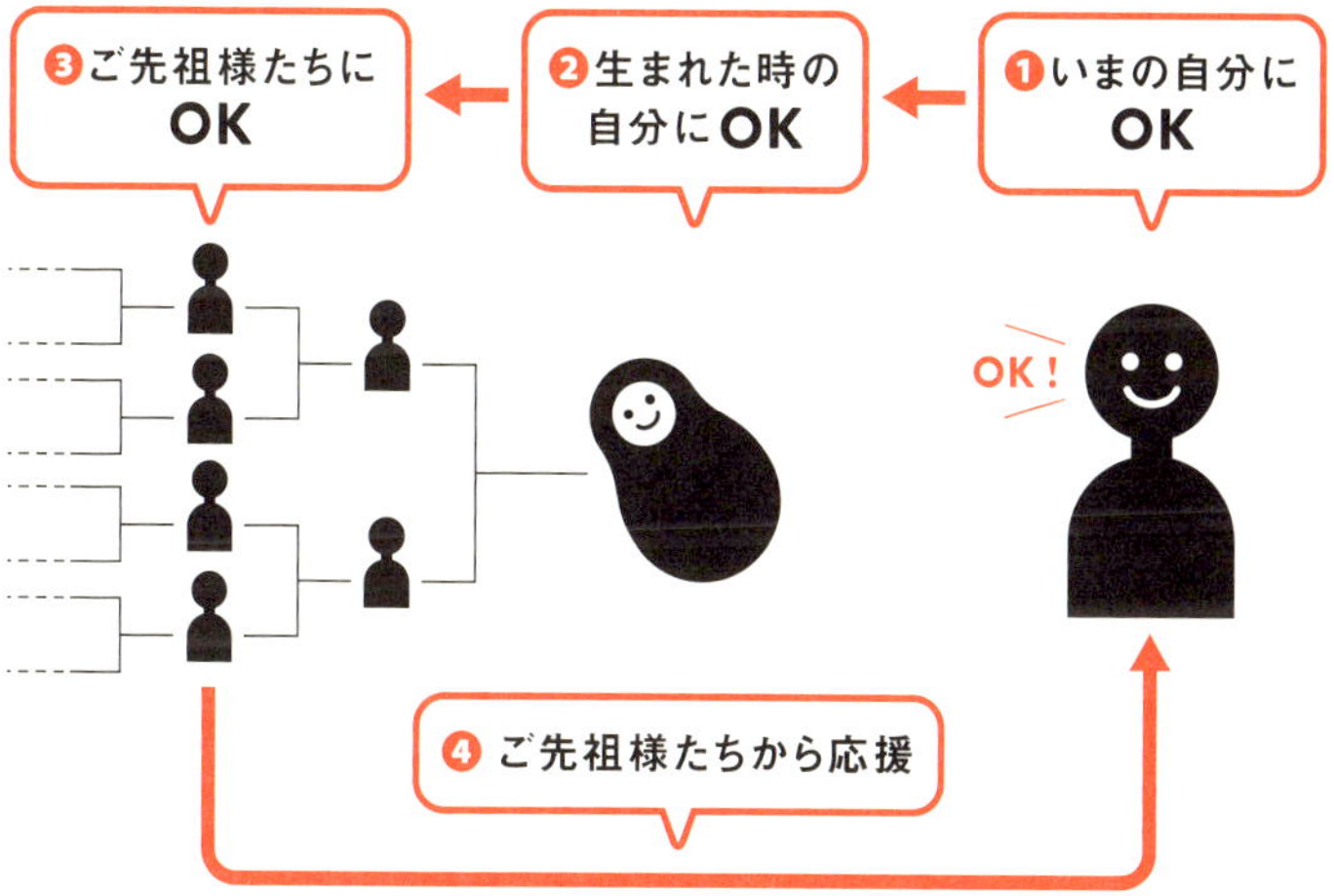

あなたがいまどんな状況であっても10秒スイッチは、役に立つと思います。

自分を活かし、相手を活かし、ご先祖様たちを活かしたら、どんなに素晴らしいシンクロニシティが起きるのでしょうか。

あなたに繋がれた命を輝かせてください。

10秒スイッチを、あなただけのオリジナルの人生の創造に活かしてくだされば うれしいです。

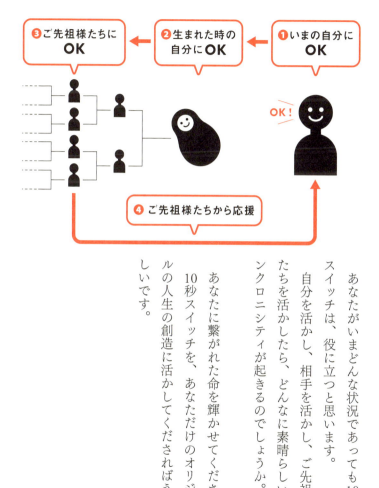

Lesson10 まとめ

ご先祖様からの応援に気づいてニッコリ(^^)

3カ月後のシンクロ星
ワ
ハ
ハ
ハ
ハ
ハハ
ハ
ハハ
ハハ
ハ
ハ
ハハ
ワハハハハハ！
ピュウ
ポロ

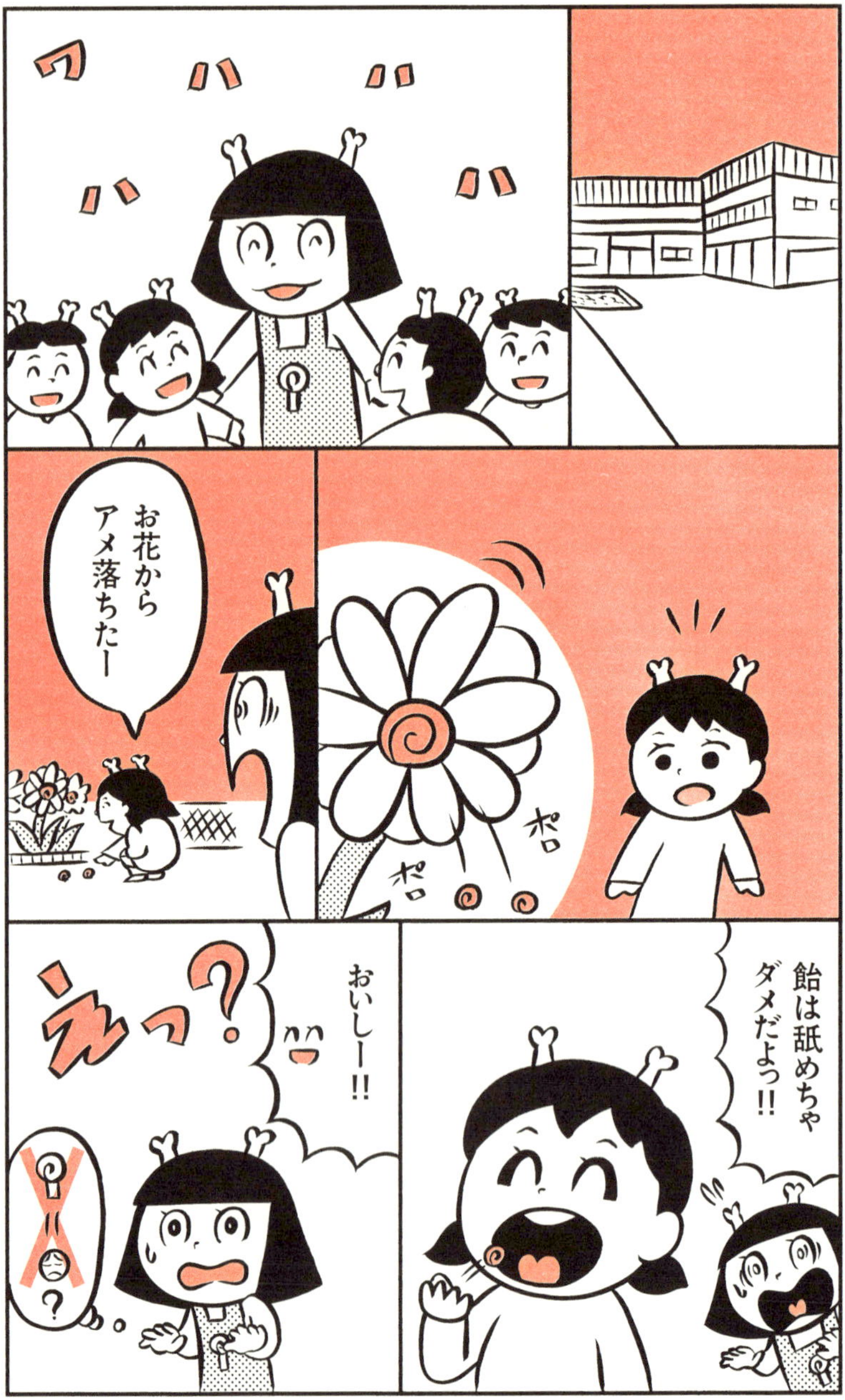
ワハハハハ
ポロ
ポロ
お花からアメ落ちたー
飴は舐めちゃダメだよっ!!
えっ?
おいしー!!

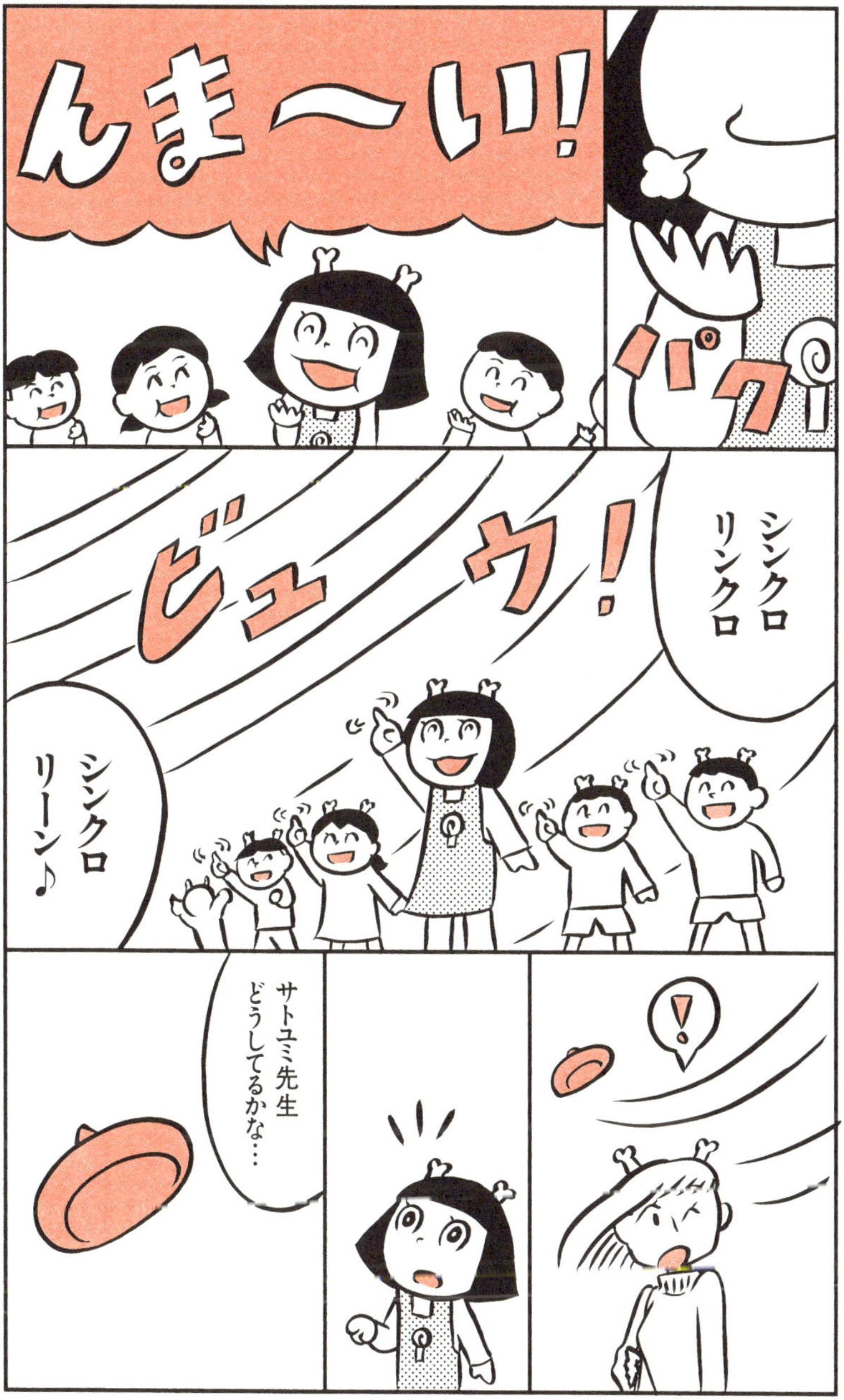

んまーい!
パクッ
シンクロリンクロ
ビュウ!
シンクロリーン♪
!
サトユミ先生どうしてるかな…

結婚しました
生まれてきてくれて
ありがとう！
え!?
誕生日が190○△年●月□日!?
シンクロちゃんと同じ誕生日〜〜!?
シンクロリーン！
?

ワハハ…
シンクロちゃん…皆を幸せにしたのね!!
ワハハハ

パクッ
アハ
ハハ
ハハ
ハハ
ハハ
ハハ
ハハ
シンクロリン♪

おわりに

最後までお読みいただき、ありがとうございました。

シンクロちゃんが織りなす愛と感動（?）のドタバタ劇は、あなたの目にどのように映っているでしょうか？

この本は、シンクロ星のシンクロちゃんが、10秒スイッチによって、本来の魅力や才能に気づき、シンクロニシティを起こしていく架空の物語になっています。

表向きは。

でも実は、この物語にはモデルが存在します。


シンクロちゃんのモデルとなった人物は、私が人生に絶望した中で書き始めたブログの最初の読者さんなのです。

その方は、いまも熱心に私が発信する内容を読んでくださっています。

つまり、最初で、かつ最長の読者さんなのです。


ブログを始めた頃、彼女は何度もコメントを書き込んでくれました。コメントがつくたびに、本で紹介したように、私は「ブログを書くと決めた自分」に10秒スイッチでメッセージしていました。

会ったこともなければ、本名も知らない関係ですが、私たちの間には確かな絆《きずな》が生まれていたと思います。


こんなことがありました。

ブログを始めて数カ月経った頃、ネットである人に一方的に絡まれ、炎上したことがありました。完全に言いがかりだったのですが、ブログを始めたばかりの私はちょっと不安になりました。

そのとき、彼女は真っ先に私にメールを送ってくれました。

「ハーモニーさん（当時の私のハンドルネーム）、私が守ります！
最後まで私は味方です！」

なんと心強かったことでしょう！
それがきっかけで、会ったことがない彼女との絆は一層深くなりました。
この女性は、相当に強く逞《たくま》しいに違いない！
私のイメージは、ドラえもんに出てくるジャイ子そのものでした。

それから約1年後、実物の彼女に会う機会がありました。
驚きました！
私の予想を完全に裏切る、可愛《かわい》らしい繊細な女性だったからです。

さて、実は、私は1冊目の本を、お笑い要素のあるストーリー形式で伝えたいと思っていました。でも、当時の私にはその力はなく、断念。
今回、彼女をモチーフにすると決めてから、あっという間に書くことができました。

そうでなければこの本は誕生しませんでした。

そして、エピローグで書かれているとおり、彼女と旦那さんの生年月日が同じなのも実話です。一番私が大変なときに、読者として支えてくれた彼女と同じ生年月日の男性が、人生の伴侶《はんりょ》として私を支えてくれています。

どこからか「シンクロリ〜ン♪」と聞こえてきそうな出来事ですね。

思えば、彼女は最初からずっと私にOKを出し続けてくれた人物でした。
そのことに感謝したからこそ、このシンクロニシティが起きたのかもしれません。

私は、この世界は多次元だからこそ真に調和すると思っています。

あらゆる次元の人がそれぞれに影響を与えあい、皆で支えあっている。

自分を傷つける人、自分と仲良くしてくれる人、すべてが必要ですべてが必然なのです。私がブログを書き始めた頃、私に言いがかりをつけた人がいなければ、私は彼女とここまで絆ができなかったはずです。

すべての出来事は連携しあっていて、
すべての出会いが目に見えない協力をしあっている。

シンクロニシティは、それを受容するほどに起こります。

あ！！！
最後にすごい秘密を明かしてしまいました（笑）

この本は、新しい元号・令和《れいわ》が施行される月に発行されます。
令和は「beautiful harmony（美しい調和）」と訳されると政府が発表しました。
私がブログを始めたときに、ハーモニー（調和）というハンドルネームにしたのも、
シンクロニシティなのかもしれません。

いろいろな立場の人が影響しあい、支えあい、だからこそ調和している。

新しい時代は、まさにそんな世界の実現になると確信しています。

あなたもシンクロちゃんのように、人生のさまざまな出会いやイベントを通して、多次元の世界を感じ、シンクロニシティを起こしていただければ幸いです。

２０１９年（令和元年）５月

佐藤由美子

【著者プロフィール】

佐藤由美子（さとう・ゆみこ）

札幌生まれ。北海道大学法科大学院修了。

35歳のとき、法律家になるという目標を見失い、無職・無収入・貯金数万円・人脈なしの絶望状態から、自分と向き合い、ブログを始める。その最中に10秒スイッチが生まれる。さらに、「7日間かけて書いたある言葉」と10秒スイッチを組み合わせて、シンクロニシティを起こし続け、仕事・収入・人間関係など、あらゆる面で願望実現をしていく。

ブログを書きながら「人の心をつかむ文章の力と、願いを実現させる言葉の共通点」を発見。言葉を使って「その人の固有のストーリーを読み解き」「書き換えること」が肝であると気づき、さらにクライアントに役立つメソッドを作るために、現在はシナリオも学んでいる。

自身の体験を振り返って、潜在意識の構造と、それを人生に活かすための秘訣をオリジナルのメソッド「時空力」として体系化。個別コンサルティングで直接クライアントを支援するのみならず、実践プログラムとして教材を作成して広くメソッドを提供している。

以来、のべ6000人にコンサルティングを提供し、多くの人の願望実現をサポートし、クライアントの多くから「人生が想定外に好転していく」と絶大な信頼を得ている。

現在、日本人の意識を書き換え、誇りを取り戻し、調和しあう社会をつくるという理念のもと、子どもの頃から取り組める環境を目標に、メソッドを開発している。

高額コンサル・セミナーは常にソールドアウト。

さらに、養成講座生とともに、「10秒スイッチ」を広げるために「調“和”のシンクロニシティ」協会を立ち上げ、全国各地で講座を始動させている。

シンクロちゃん

2019年6月 3 日　初版発行
2019年6月21日　3刷発行

著　者　佐藤由美子
発行者　太田　宏
発行所　フォレスト出版株式会社
〒162-0824 東京都新宿区揚場町2-18　白宝ビル5F
電話　03-5229-5750（営業）
　　　03-5229-5757（編集）
URL　http://www.forestpub.co.jp

印刷・製本　日経印刷株式会社

ISBN978-4-86680-033-2　Printed in Japan

シンクロちゃんから
読者のみなさまへ
スペシャルコンテンツをプレゼント!

購入者
無料
プレゼント

サトユミ先生の大人気コンテンツ
3か月プログラムの豪華CDパッケージ教材

「GREAT WISDOM」から

Month1「マインド編」の1週目
「本当の気持ちに気づく」

解説音声ファイルをプレゼント!

Lesson7の「本当はどうしたいの?」に登場したネイルサロン経営の女性の事例をさらに詳しく、サトユミ先生ご自身の音声で解説しています。本書を読んで、10秒スイッチの基本「本当の気持ちに気づく」秘訣をじっくり学びたくなった読者にとっては必聴の音声ファイルです。

※音声ファイルはWeb上で公開するものであり、CD、DVDなどをお送りするものではありません。
※上記特別プレゼントのご提供は予告なく終了となる場合がございます。あらかじめご了承ください。

▼読者プレゼントを入手するにはこちらへアクセスしてください

http://frstp.jp/synchro